El Método de Aprendizaje *South Beach* para Alemán conversacional

Por Erasmus Cromwell- Smith

El método de aprendizaje South Beach alemán conversacional
©Erasmus Cromwell-Smith
©RCHC LLC

ISBN: 979-8-9873115-0-9

Publisher: Erasmus Press
Editor and Proofreading: Elisa Arraiz Lucca
Cover Design and Interior Design:Abjini Shamanik & Alisha Raul
www.erasmuscromwellsmith.com

Este curso es radicalmente distinto a ningún otro en el sentido de que usted revisitará la gramática del español a los efectos de refrescar ciertas reglas y prácticas de nuestro lenguaje.

Como verá, hay muchas cosas que decimos de cierta manera, simplemente por costumbre, sin saber si están bien dichas o no, sin ni siquiera saber por qué hablamos así.

El supuesto es sencillo, regresamos y revisitamos nuestro lenguaje a los efectos de aprender ciertos conceptos para poder traducir de manera exacta el alemán, en otras palabras, la manera como construimos las frases con las que hablamos nuestro idioma tienen que ser gramaticalmente correctas para que también podamos traducir al alemán correctamente, porque si nuestra oración en español es gramaticalmente incorrecta, la traducción de la misma al alemán también lo será.

El método de aprendizaje South Beach para Alemán conversacional

Alemán Conversacional

- Este curso le permitirá aprender Alemán con solo unas pocas horas de estudio.

- Este curso desvirtúa completamente la creencia acerca de que el Alemán es un idioma muy difícil de aprender.

- De hecho, ambos idiomas se hablan de la misma manera (casi como una imagen en un espejo).

- La fundación de este programa son Los Verbos Infinitivos.

- Usted aprenderá a hablar Alemán a través de cuatro formatos en fórmula que simplifican significativamente el cómo hablar Alemán. Todos ellos basados en Los Verbos Infinitivos.

- Este curso también enseña cómo pronunciar correctamente las palabras en Alemán.

- Así mismo, permite estudiar y aprender la mayoría de los verbos en Alemán, únicamente en el tiempo infinitivo, prácticamente sin aprender las conjugaciones, las cuales toman muchísimas horas de aprendizaje.

- En este curso se estudian los cuatro verbos "gatillo" y sus conjugaciones. Estos verbos, una vez aprendidos, permiten establecer prácticamente cualquier tipo de conversación.

Los 14 Pasos de aprendizaje

"

El Alemán
Es muy
Fácil
De aprender e igualmente
Fácil de hablar

"

Empecemos

En gran parte:

➢ El Alemán se habla de la misma manera como se habla el Español.

➢ La mayoría de las reglas gramaticales (incluyendo sus nombres) son las mismas.

➢ Las frases son estructuradas de la misma manera.
Adicionalmente, muchas palabras son muy similares pero pronunciadas
de manera diferente.

*Entonces, ¡desmontemos juntos la idea de que el Alemán es un
idioma difícil de aprender!*

1er. Paso de Aprendizaje

Todo comienza con

las 5 vocales

¡Aprenda a pronunciarlas correctamente!

Primero Lo Basico

Vocal en Alemán	Pronunciación en Alemán Fácil: La pronunciación está entre paréntesis ( )					
	Lea en voz alta	otra vez	otra vez	otra vez	otra vez	otra vez
A (Ah)	(Ah)	(Ah)	(Ah)	(Ah)	(Ah)	(Ah)
E (Eh)	(Eh)	(Eh)	(Eh)	(Eh)	(Eh)	(Eh)
I (i)	(i)	(i)	(i)	(i)	(i)	(i)
O (Oh)	(Oh)	(Oh)	(Oh)	(Oh)	(Oh)	(Oh)
U (Uh)	(Uh)	(Uh)	(Uh)	(Uh)	(Uh)	(Uh)

Ahora practiquemos juntos en voz alta

Ahora hágalo más rápido: **Ah-Eh-i-Oh-Uh**   aún más rápido: **Ah-Eh-i-Oh-Uh**

Siga practicando: **Ah-Eh-i-Oh-Uh**   **Ah-Eh-i-Oh-Uh** Hasta que lo memorice

Repita y memorice los sonidos
Trate de hacerlo más y más rápido

2do. Paso de Aprendizaje

Lo siguiente es aprender

El Alfabeto

¡En (parénthesis) encontrará la pronunciación en Alemán!

Pronunciación y fonética del Alfabeto en Alemán

A (ah)	B (beh)	C (tzeh)	D (deh)	E (eh)	F (ef)
G (geh)	H (Jah)	I (i)	J (yot)	K (kah)	L (el)
M (em)	N (en)	O (oh)	P (peh)	Q (ku)	R (ehr)
S (s)	T (teh)	U (uh)	V (fau)	W (veh)	
X (iks)	Y (ypsilon)	Z (tzett)			

Los Números

También es muy útil Aprender

2do. Paso de Aprendizaje

Uno **Eins**	Dos **Zwei**	Tres **Drei**	Cuatro **Vier**	Cinco **Fünf**	Seis **Sechs**	Siete **Sieben**	Ocho **Acht**	Nueve **Neun**
Diez **Zehn**	Veinte **Zwanzig**	Treinta **Dreißig**	Cuarenta **Vierzig**	Cincuenta **Fünfzig**	Sesenta **Sechzig**	Setenta **Siebzig**	Ochenta **Achzig**	Noventa **Neunzig**

Cien **(Ein)hundert**	Doscientos **Zweihundert**	Trescientos **Dreihundert**	Cuatrocientos **Vierhundert**
Quinientos **Fünfhundert**	Seiscientos **Sechshundert**	Setecientos **Siebenhundert**	Ochocientos **Achthundert**
Novecientos **Neunhundert**	Mil **(Ein)tausend**	Diez mil **Zehntausend**	Cien mil **(Ein)hunderttausend**
Un millón **Eine Million**	Cien millones **Einhundert Millionen**	Mil millones/Un millardo **Eine Milliarde**	Un trillón **Eine Billion**

3er. Paso de Aprendizaje

Una vez aprendidos el alfabeto y las vocales, el próximo paso es aprender:

Los Pronombres

Ich – Du

¡Fácil Solo Léalo! ()

Léalo en voz alta Yo – Ich (ij)	Léalo en voz alta Usted – Du (du)
Léalo en voz alta Yo – Ich (ij)	Léalo en voz alta Usted – Du (du)
Léalo en voz alta Yo – Ich (ij)	Léalo en voz alta Usted – Du (du)
Léalo en voz alta Yo – Ich (ij)	Léalo en voz alta Usted – Du (du)
Léalo en voz alta Yo – Ich (ij)	Léalo en voz alta Usted – Du (du)
Léalo en voz alta Yo – Ich (ij)	Léalo en voz alta Usted – Du (du)
Léalo en voz alta Yo – Ich (ij)	Léalo en voz alta Usted – Du (du)
Léalo en voz alta Yo – Ich (ij)	Léalo en voz alta Usted – Du (du)

Recuerde en Alemán Yo es **Ich** , Usted es **Du**

Er – Sie		¡Fácil Solo Léalo! ()

Léalo en voz alta El – Er (air)	Léalo en voz alta Ella – Sie (see)
Léalo en voz alta El – Er (air)	Léalo en voz alta Ella – Sie (see)
Léalo en voz alta El – Er (air)	Léalo en voz alta Ella – Sie (see)
Léalo en voz alta El – Er (air)	Léalo en voz alta Ella – Sie (see)
Léalo en voz alta El – Er (air)	Léalo en voz alta Ella – Sie (see)
Léalo en voz alta El – Er (air)	Léalo en voz alta Ella – Sie (see)
Léalo en voz alta El – Er (air)	Léalo en voz alta Ella – Sie (see)
Léalo en voz alta El – Er (air)	Léalo en voz alta Ella – Sie (see)

Recuerde en Alemán <u>El</u> es **Er**, <u>Ella es</u> **Sie**

Wir – Ihr	¡Fácil Solo Léalo! ()
Léalo en voz alta Nosotros – Wir (viir)	Léalo en voz alta Ustedes – Ihr (ir)
Léalo en voz alta Nosotros – Wir (viir)	Léalo en voz alta Ustedes – Ihr (ir)
Léalo en voz alta Nosotros – Wir (viir)	Léalo en voz alta Ustedes – Ihr (ir)
Léalo en voz alta Nosotros – Wir (viir)	Léalo en voz alta Ustedes – Ihr (ir)
Léalo en voz alta Nosotros – Wir (viir)	Léalo en voz alta Ustedes – Ihr (ir)
Léalo en voz alta Nosotros – Wir (viir)	Léalo en voz alta Ustedes – Ihr (ir)
Léalo en voz alta Nosotros – Wir (viir)	Léalo en voz alta Ustedes – Ihr (ir)
Léalo en voz alta Nosotros – Wir (viir)	Léalo en voz alta Ustedes – Ihr (ir)

Recuerde en Alemán <u>Nosotros es</u> **Wir**, <u>Ustedes es</u> **Ihr**

Sie – Es

¡Fácil Solo Léalo! ()

Léalo en voz alta	Léalo en voz alta
Ellos – Sie (si)	Eso/Esto – Es (es)
Ellos – Sie (si)	Eso/Esto – Es (es)
Ellos – Sie (si)	Eso/Esto – Es (es)
Ellos – Sie (si)	Eso/Esto – Es (es)
Ellos – Sie (si)	Eso/Esto – Es (es)
Ellos – Sie (si)	Eso/Esto – Es (es)
Ellos – Sie (si)	Eso/Esto – Es (es)
Ellos – Sie (si)	Eso/Esto – Es (es)

Recuerde en Alemán Ellos es **Sie**, Eso/Esto es **Es**

Lección No. 2 : Parte E 5

Sumario	Pronombres	¡Fácil Solo Léalo!
Continuemos Practicando	Yo – **Ich (ij)**	Pronúncielo 5 veces
	Usted – **Du (du)**	Este también 5 veces
	El – **Er (er)**	Este también 5 veces
	Ella – **Sie (si)**	Continúe 5 veces también
	Nosotros – **Wir (wiir)**	Pronúncielo 5 veces
	Ustedes – **Ihr (ir)**	Este también 5 veces
	Ellos – **Sie (si)**	Continúe 5 veces también
	Eso/ Esto – **Es (s)**	Continúe 5 veces también

4to. Paso de Aprendizaje

Las siguientes

Palabras Mágicas

Son esenciales en cualquier conversación

¡PRACTÍQUELAS!

Introduzcamos 10 palabras que son esenciales en cualquier conversación

un uno / una unos / unas	**Ein/ Eine** **Einer/ Eines**	Sì No	**Ja** **Nein**
El, La, Los Las	**Der** **Die** **Das**	En el (lugar) En los (lugares) A las (horas)	**Bei/ Beim**
Y	**Und**	A	**Zu**
Con	**Mit**	Eso, Esa (señalar) Que (enfatizar)	**Dass**
O	**Oder**	Esto	**Das/ Dies**

Cuál, Qué	**Was**	Pero	**Aber**
Cuándo	**Wann, ob**	De quién	**Wessen**
Dónde	**Wo**	Cuál	**Wer**
Porqué	**Warum/ Weil**	Cuáles	**Welches**
Bien sea, O	**Ob**	Cómo	**Wie**
A	**Zu**	Por, para	**Für, zum**
De, Desde	**Von**	Mientras	**Während**
Cuántos	**Wie viel(e)**	Con quién	**Wem, Wessen**
Para, por	**Für, zum**	Tal como	**Als**
Más que	**Mehr als**	Cuanto cuesta	**Wie viel**

A

A: Ein
Adentro: Drinnen
Agradable: Nett
Alguno: Etwas
Amable: Sanft
Ancho: Breite
A Propósito: Übrigens
Atención: Aufmerksamkeit
A Quién: Zu wem
Aún Cuando: Obwohl
Abajo: Runter
Adolescente: Teenager
Ahora Mismo: Ahora Mismo
Al Lado De: Neben
Ambos: Beide
Antes: Vor
A Punto De: Fast
A Través De: Über
Aquellos: Diese
Aunque : Obwohl

Abierto: Offen
A Donde: Wo
A Las: Bei
Algo : Etwas
Alto: Groß
A Menos Que: Wenn nicht
Apenas: Kaum
Apurado: In Eile
A Qué Distancia: Wie weit
A Través De La Cual: Durch welches
Ayer: Gestern
Acerca De: Um
Afuera: Außen
Alguien: Jemand
Allá: Dort
A Menudo: Häufig
A Pesar De: Obwohl
Arriba: Hoch
A Qué Hora: Wie viel Uhr
Abreise: Aufmachen

B

Bastante: Ziemlich
Bien: Gut
Bien Sea: Gut sei es
Bueno: Okay

C

Cada: Jeder
Cautela: Vorsicht
Clase: Klasse
Cosa: Sachen
Cuando Sea: Wann auch immer
Caliente: Heiß
Ceder El Paso: Ertrag
Cierto: Sicher
Cómo : Wie
Considerando Que: Bedenkt, dass
Cuál: Die
Cuidado: Achtung
Completo: Vollständig
Cerca: Nah dran

Contigo: Mit dir
Cuán Lejos: Wie weit
Culpa: Fehler
Casi: Fast
Cerca De: Nahe
Con: Mit
Corto: Kurz
Cuando: Wann
Cualquiera: Cualquiera

D

De: Von
Deliberado: Absichtlich
Divertido: Komisch
Dónde : Wo
Detrás: Hinter
Desviación: Abweichung
De Guardia: Bei Anruf
Demasiado: Zu
De Quién: Wessen
Dividir: Teilt
Donde Sea: Irgendwo

De cualquier manera: So oder so
Debajo: Unter
De Inmediato: Sofort
Dentro: Innerhalb
Desafortunadamente: Leider
Dividir Entre: Teilen Sie zwischen
Desde: Seit
De Buena Gana: Leicht
Donde Se Encuentre: Wo findet man
De Nuevo: Wieder
Desagradable: Unangenehm
Difícil: Schwer
Dividido Por: Geteilt durch
Donde Quiera: Donde Quiera
De Otra Manera: Andernfalls
De Alguna Manera: Irgendwie

E

El: Er
Ella: Sie

En: Im
En Caso Que: Im Falle von
En El Medio: Mitten drin
En Orden Que: Damit
Entonces: Dann
Esto: Dies
Específico: Spezifisch
En Algún Lugar: Irgendwo
En Contra De: Gegen
En Particular: Im Speziellen
Entre: Unter
Esta Noche: Esta Noche
Estrecho: Nah dran
En Buena Salud: Bei guter Gesundheit
En El (La) (S): In dem
En Proceso: In Bearbeitung
En Vez De: Anstatt von
Entendido: Es wird verstanden
En Este Momento: Im Augenblick
En Caso De: Im Falle von

En El Hábito: In der Gewohnheit
Enfrente De: Vor dem
En Progreso: Im Gange
Esto: Dies

F

Fácilmente: Leicht
Fiesta: Party
Factible: Machbar
Fiebre: Fieber
Falla: Versagen
Fin: Fertig
Feria: Messe
Fuerte: Stark

G

Generalmente: Normalerweise
Gracioso: Komisch
Grande: Groß
Gracias: Vielen Dank

H

Habrá: Es wird____geben
Han Tenido: Habe gehabt
Habría Estado: Wäre gewesen
Hace: Tut
Han Sido: Gewesen sein
Hecho: Fertig
Hasta: Bis um
Halar: Ziehen
Hasta La Vista: Wiedersehen
Hay: Es gibt
Hombre: Männer
Habría Sido: Wäre gewesen
Han Estado: Sie waren
Hasta Luego: Wiedersehen
Hubo: Dort war
Habría Tenido: Ich hätte gehabt

I

Inmediatamente: Sofort
Incluído: Inbegriffen

Importante: Wichtig
Inspeccionar: Inspizieren
Imposible: Unmöglich
Interesante: Interessant
Improbable: Unwahrscheinlich
Izquierda: Links

J

Junio: Juni
Juntos: Zusammen
Justo: Gerade

K

Kilo: Kilo

L

Largo: Länge
Lo Último: Das Letzte
Lista: Bereit
Luce Como: Sieht aus wie
Listo: Clever

Luego: Später

M
Mañana: Morgen
Más Allá: Darüber hinaus
Mientras: Während
Muchacho: Junger Kerl
Muy: Sehr
Mantener: Halten
Más Tarde: Später
Mientras Que: Während
Mucho: Viel
Más..Que: Mehr als
Más: Mehr
Medio: Mittel
Mitad: Halb
Muchos: Eine Menge
Menos... Que: Weniger als
Más Aún: Sogar mehr
Menos: Weniger
Muchacha: Mädchen
Mujer: Frau
Muéstrame: Zeig mir

N
Ninguno: Keiner
Necesario: Notwendig
Niño: Kleiner Junge
Never: Niemals
No: Nö
Niña: Kleines Mädchen
Noche: Nacht

O
O: Entweder
Obvio: Offensichtlich
Otro: Sonstiges

P
Para: Zum
Pintura: Farbe
Por Qué: Warum
Problema: Problem
Para Siempre: Bis in alle Ewigkeit
Pero: Aber
Por Favor: Bitte
Posible: Möglich

Programa: Programm
Por Esa Razón: Aus diesem Grund
Parece Como: Sieht aus wie
Pesado: Schwer
Por: Durch
Por La Razón: Aus dem Grund
Próximo: Nächste
Partida: Abfahrt
Pequeño: Wenig
Por Ciento: Prozent
Por Supuesto: Na sicher
Punto: Stelle

Q
Querido: Liebling
Qué Hay Acerca De: Wie wäre es mit
Quizás: Vielleicht

R
Razonable: Angemessen
Responsable: Verantwortlich
Relativo: Relativ
Ridículo: Lächerlich

Respeto: Respekt
Risa: Lachen
Repita: Wiederholen

S
Salida: Abfahrt
Señora: Frau
Sobrante (s): Ersatzteil
Sujeto: Thema
Seguro: Sicher
Señorita: Fehlschlagen
Sí: Ja
Sobre: An
Suficiente: Genügend
Selección: Auswahl
Siempre: Stets
Solamente: Nur
Superar: Durchleben
Señor: Herr
Similar: Ähnlich
Sólo una vez: Nur einmal

T
Tarea: Aufgabe
Todavía: Noch
Tan pronto como sea posible: So bald wie möglich
Todo: Alle
También: Ebenfalls
Tema: Thema
Tan: So
Tipo: Kerl
Todo el día: Den ganzen Tag
Tarde: Nachmittag
Tirar: Wurf

U
Última (o): Letzte
Únicamente: Nur
Un: Ein
Un poco de: Ein bisschen von
Una vez: Einmal

V
Varios: Mehrere
Verdad: Stimmt

Y
Ya: Schon
Y ahora qué: Und jetzt das

5to. Paso de Aprendizaje

Los Posesivos y los Reflexivos

son esenciales para completar una frase

¡Practíquelos!, especialmente la pronunciación.

Reflexivo

Me – **Ich**	Llámame	**Ruf mich**
Le – **Dich**	Traerle	**Bring dich**
Le – **Ihm**	Llevarle	**Nimm ihn**
La – **Ihr**	Invitarla	**Lade Sie ein**
Nos – **Unser**	Búscanos	**Hole uns**
Les – **Ihr**	Cómprales	**Kaufe für dich**
Les – **Sie**	Escribeles	**Schreibe ihnen**
Lo – **Es**	Véndelos	**Verkaufe es**

Ejemplos:

Usted	le tiene	que ir	a llevar a casa
Du	**musst**		**ihn nach Hause bringen**
El	me puede	venir	a ver luego
Er	**kann**	**später kommen**	**um mich zu sehen**
Ellos	la quieren	traer	a ver le
Sie	**wollen**	**sie bringen**	**damit du sie sehen kannst**
Ellos	le están	tratando de llamar hoy	
Sie	**versuchen**	**heute anzurufen**	

Posesivo

Mi – **Mein**	Mi casa	**Mein Zuhause**
Su – **Dein**	Su coche	**Dein Auto**
Su – **Sein**	Su hijo	**Sein Sohn**
Su – **Ihr**	Su mascota	**Ihr Haustier**
Nuestro – **Unser**	Nuestro barco	**Unser Bot**
Vuestro – **Euer**	Vuestro padre	**Dein Vater**
De Ellos – **Ihr**	La idea de ellos	**Ihre Idee**
Su – **Su**	Su cola	**Sein Schwanz**

Ejemplos

Usted	es	bienvenido a	nuestra casa
Du	**bist**	**in unserem Zuhause**	**willkommen**
Ella	está manejando	mi coche	
Sie	**fährt**	**mein auto**	
El	tiene que	traer	a mi hijo
Er	**muss**	**meinen sohn**	**bringen**
Ellos	quieren	llevar	a mi esposa
Sie	**wollen**	**meine**	**frau nehmen**

Notas sobre reflexivos:

En alemán, un reflexivo también se puede colocar justo antes del sustantivo (al comienzo de la frase), es preferible de esta manera.

Ejemplos:

Los traeré a casa
Ich bringe sie nach hause
Ich werde sie nach hause bringen

Quiero llevarlo al aeropuerto
Ich bringe ihn zum Flughafen
Ich werde ihn zum Flughafen bringen

Tengo que ir a comprarle las medicinas
Ich gehe los um für ihn Medikamente zu kaufen
Ich werde für ihn Medikamente kaufen gehen

Puedo prepararte la comida a las doce.
Ich mache für dich um zwölf Essen
Ich werde um zwölf für dich Essen machen

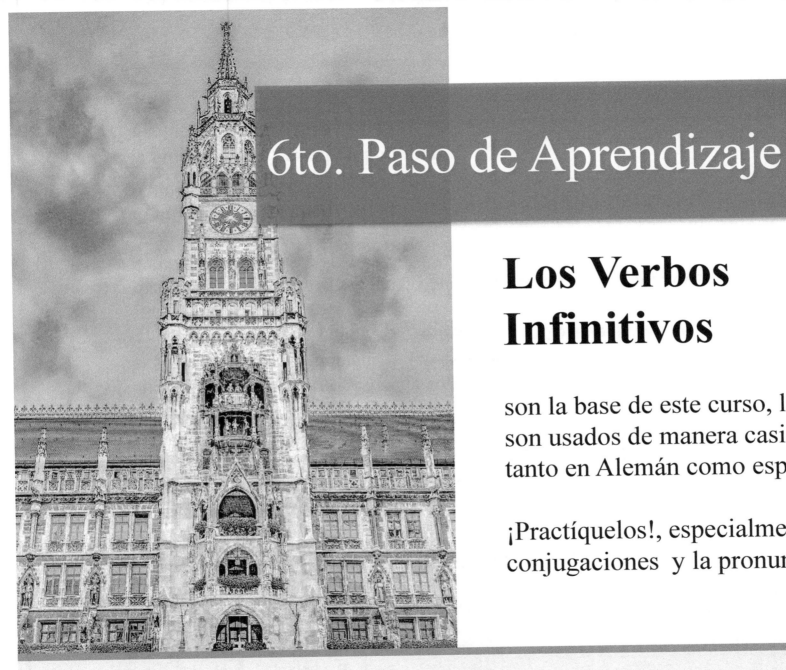

6to. Paso de Aprendizaje

Los Verbos Infinitivos

son la base de este curso, los mismos son usados de manera casi idéntica tanto en Alemán como español.

¡Practíquelos!, especialmente las conjugaciones y la pronunciación.

¿Qué es un Verbo Infinitivo (Verbi Infiniti) en Alemán?

1) Son aquellos que terminan en "**n**"
   en español todos los verbos infinitivos terminan en "r".

   Ejemplos: **anrufen**   **kommen**   **gehen**   **essen**

           llamar   venir   ir   comer

2) Nunca es el 1er. verbo (no se puede conjugar)
   No se puede decir en Alemán   ~~Ich anrufen~~   ~~Ich kommen~~   ~~Ich gehen~~   ~~Ich essen~~
   Ni se puede decir en español   ~~Yo llamar~~   ~~Yo venir~~   ~~Yo ir~~   ~~Yo comer~~

3) Sin embargo son siempre usados después del 1er. o 2do. Verbo. 2do. y los 3er verbos se intercambian.
   Ejemplo:
   Ich möchte essen gehen
   Yo quiero ir a comer

   Sie möchte mich besuchen kommen
   Ella quiere venir a visitar

Este curso está basado en los Verbos Infinitivos.

En Alemán se usan los Verbos Infinitivos todo el tiempo.

Ich	möchte	jetzt	esse<u>n</u> gehe<u>n</u>
Er	möchte	dich	sehe<u>n</u> komme<u>n</u>

Los Hispanos también usamos los Verbos Infinitivos

Todo el tiempo y ¡de la misma manera que ellos! Las palabras 3 y 5 se intercambiaron.

Ich	**möchte**	**jetzt**	**essen**	**gehen**
Yo	quiero	ir	a comer	ahora

Er	**möchte**	**dich**	**sehen**	**kommen**
El	quiere	venir	a visitor	le

SONRÍA ☺ Lo único que hay que hacer es intercambiar el orden del 3 y el 5 segmentos en la oración.

Este curso está basado en los Verbos Infinitivos
¡Aquí tiene más ejemplos!

Ich Yo	**muss** tengo que	**dich bringen** llevar le	
Du Usted	**musst** tiene que	**ihn bringen** traer le	
Er El	**muss** tiene que	**dich sehen** ir a ver le	
Wir Nosotros	**müssen** tenemos que	**versuchen dort hinzukommen** tratar de llegar allá	

Sie Ella	**will** quiere	**fersehen bis** mirar tv	**mitternacht gucken** hasta la medianoche
Wir Nosotros	**möchten** queremos	**mittags** ir a comprar	**shoppen gehen** al mediodía
Sie Ellos	**wollen** quieren	**dir eine** dar le	**überraschung machen** una sorpresa
Du Usted	**möchtest** quiere	**ihm viel** hacer le	**gutes tun** mucho bien

Las 8 frases se reflejan entre sí palabra por palabra, excepto que el tercer y cuarto segmento se intercambian a menudo. En lugar de la palabra (to have) en español, que denota deber y no posesión, en alemán solo la palabra se usa must (müssen)

Los dos idiomas cuando se hablan correctamente
¡Se hablan de la misma manera!

Lo único que usted necesita para poder conversar en Alemán son <u>los Verbos Infinitivos</u> los cuales son la base de este método de aprendizaje.

➤ **Los verbos infinitivos** se usan de la misma manera y casi siempre en el mismo lugar en una oración, tanto en Alemán como español.

➤ **Los verbos infinitivos** nunca son el primer verbo en una oración:

<u>**Ich möchte haben**</u>
Yo quiero tener

➤ **Los verbos infinitivos** terminan en <u>N</u> en Alemán:
Y terminan en <u>R</u> en español:

Haben
Tener

➤ **Los verbos infinitivos** no pueden ser conjugados

~~**Ich haben**~~
~~Yo tener~~

➤ **Los verbos infinitivos** continúan siendo usados de manera Infinita en las oraciones. Ahí los dos idiomas son idénticos o

<u>**Ich möchte essen gehen**</u>
Yo quiero ir a comer

➤ El segundo. El verbo en infinitivo en una frase en español siempre va precedido de una "A"

<u>**Ich möchte schlafen gehen**</u>
Yo quiero ir a dormir

➤ **Los verbos infinitivos** nos permiten conversar en Alemán a través de cuatro formatos en fórmula:
(1) Gerundio-acción, (2) Pasado participio, (3) Futuro y (4) Condicional.

En la próxima página
usted encontrará una lista de:

Verbos Infinitivos
Verbos Infinitivos

Estúdielos, léalos, pronúncielos varias veces hasta que los memorice,
y se dará cuenta que todos ellos (bueno, casi todos)

**Terminan en <u>R</u> en español
Y terminan en <u>N</u> en Alemán**

A

Abrir: Offen
Abrazar: Umarmen
Aceptar: Akzeptieren
Acertar: Erraten
Adquirir: Erwerben
Agradecer: Danken
Amar: Lieben
Anunciar: Ankündigen
Aprender: Lernen
Aprobar: Passieren
Asistir: Teilnehmen
Aumentar: Zunahme
Averiguar: Untersuchen
Ayudar: Helfen

B

Bailar: Tanzen
Beber: Trinken
Borrar: Löschen
Bostezar: Gähnen
Buscar: Suchen

C

Caber: Passen
Caer: Fallen
Calentar: Wärmen
Caminar: Gehen
Cancelar: Absagen
Causar: Verursachen
Cobrar: Sammeln
Cocinar: Kochen
Conducir: Reiten
Conseguir: Erhalten
Construir: Aufbauen
Convertir: Konvertieren
Cerrar: Schließen
Completar: Fertigstellen
Comprar: Kaufen
Copiar: Kopieren
Corregir: Verbessern
Correr: Laufen
Creer: Glauben
Crecer: Aufwachsen
Cumplir: Erfüllen

D

Dar: Geben
Darse Cuenta: Realisieren
Deber: Müssen, Haben
Debería: Schulden
Decir: Erzählen
Dejar: Lassen
Descansar: Auflehnen
Desear: Wollen
Discutir: Streiten
Dormir: Schlafen
Dudar: Zweifeln
Devengar: Verdienen

E

Empezar: Anfangen
Empujar: Drücken
Encontrar: Finden
Enseñar: Lehren
Enviar: Senden
Entender: Verstehen
Entrar: Reinkommen

Lección No. 4 : Parte E 4

Escoger (Elegir): Wählen
Escribir: Schreiben
Esperar: Warten
Estar: Sein
Estar Agradecido: Dankbar sein
Estar Molesto: Verrückt sein
Estar Equivocado: Falsch liegen
Estudiar: Studieren

G
Ganar: Gewinnen
Golpear: Schlagen
Gustar: Mögen

H
Haber: Haben
Hablar: Sprechen
Hacer: Tun
Halar: Ziehen

I
Incluir: Enthalten

Informar: Informieren
Insistir: Bestehen
Invitar: Einladen
Ir: Gehen
Ir De Compras: Einkaufen gehen

J
Jugar: Spielen

L
Lavar: Waschen
Leer: Lesen
Limpiar: Aufräumen
Llamar: Anrufen
Llegar: Erhalten
Llevar: Tragen
Llorar: Trauern
Lograr: Erreichen

M
Manejar: Handhaben
Mover: Bewegen

Mejorar: Verbessern
Mantener: Halten
Mostrar: Zeigen
Mirar: Ansehen

N
Nombrar: Benennen
Necesitar: Brauchen

O
Obedecer: Gehorchen
Observar: Aussehen
Obtener: Erhalten
Ofrecer: Anbieten
Olvidar: Vergessen
Ordenar: Organisieren

P
Pagar: Zahlen
Parecer: Aussehen
Partir: Abfliegen
Pasar: Passieren
Pedir: Fragen

Pensar: Denken
Perder: Verlieren
Perdonar: Verzeihen
Permitir: Erlauben
Poder: Dürfen
Podría: Könnte
Preguntar: Fragen
Presentar: Einführen
Prestar: Ausleihen
Poner: Stellen
Poseer: Besitzen

Q
Querer: Wollen

R
Rechazar: Abweisen
Recibir: Bekommen
Recibir: Erhalten
Recordar: Erinnern
Recoger: Aufsammeln
Reir: Lachen
Repetir: Wiederholen

Respetar: Respektieren
Responder: Antworten
Reusar: Wiederverwenden

S
Saber: Wissen
Salir: Verlassen
Salvar: Speichern
Saltar: Überspringen
Satisfacer: Erfüllen
Seguir: Folgen
Sentar: Setzen
Sentir: Fühlen
Ser: Sei
Solicitar: Bewerben
Solucionar: Aussortieren
Sonreir: Lächeln

T
Temer: Fürchten
Tener: Haben
Tener Que: Müssen
Terminar: Enden

Trabajar: Arbeiten
Traer: Bringen
Tomar: Nehmen
Tratar: Behandeln
Trotar: Joggen
Tocar: Spielen

U
Unir: Einigen
Usar: Benutzen
Utilizar: Verwenden

V
Valorar: Schätzen
Vender: Verkaufen
Venir: Kommen
Ver: Sehen
Vestir: Tragen
Viajar: Reisen
Visitar: Besuchen
Vivir: Leben

7mo. Paso de Aprendizaje

Los 4 Verbos "Gatillo"

le permiten iniciar cualquier conversación básica

Practíquelos, especialmente las conjugaciones Y la pronunciación

Lección 5, 6, 7 & 8

Los siguientes 4 verbos gatillo le permiten iniciarla mayor parte de las conversaciones

Lección No. 5	Lección No. 6
Ser/Estar **Sein**	Tener/ Haber/ Deber **Haben/ Müssen**
Lección No. 7 Querer **Mögen/ Wollen**	**Lección No. 8** Poder **Können**

El 1er. Verbo Gatillo es "Sein"
En español significa "Ser" o "Estar", y se usa de dos formas distintas:

El verbo **"Sein"** en alemán puede describir una situación casi-permanente.
En esos casos el verbo equivalente en español el el verbo **"Ser."**

Ejemplos usando el verbo "Sein":

Ich bin	Yo soy alto	El es un policía
Du bist	**Ich** **bin** **groß**	**Er** **ist** **ein Polizist**
Er ist	Ella es lista	Usted ed soltero
Sie ist	**Sie** **ist** **klug**	**Du** **bist** **single**
Wir sind	Ellos son fanáticos	El está tarde
Ihr seid	**Sie** **sind** **fanatisch**	**Er** **ist** **spät**
Es ist	Es tarde	Ella es bella
	Es ist **spät**	**Sie** **ist** **schön**

El 1er. Verbo Gatillo es "Sein"
En español significa "Ser" o "Estar", y se usa de dos formas distintas:

El verbo **"Sein"** en alemán también describir una situación transitoria.
En estos casos el verbo equivalente en Español es el verbo **"Estar"**

Ejemplos usando el verbo "Sein":

Ich bin	Yo	estoy	molesto	Ellos	están	listos
Du bist	**Ich**	**bin**	**wütend**	**Sie**	**sind**	**bereit**
Er ist	Usted	está	tarde	Ella	está	enferma
Sie ist	**Du**	**bist**	**spät**	**Sie**	**ist**	**krank**
Wir sind	El	está	cansado	Usted	está	afuera
Ihr seid	**Er**	**ist**	**müde**	**Ihr**	**seid**	**raus**
Es ist	Ella	está	equivocada	Es	lo	correcto
	Sie	**ist**	**falsch**	**Es**	**ist**	**groß**

Ejemplos de verbos "Sein" (una situación casi-permanente)	Ejemplos de verbos "Sein" (situación temporal)
Yo soy un buen jugador **Ich bin ein guter Spieler**	Yo estoy comiendo temprano cada día **Ich esse jeden Tag früh**
Yo soy una gran persona **Ich bin eine tolle Person**	Yo estoy esperando por usted ahora **Ich warte jetzt auf dich**
Usted es un buen hombre **Du bist ein guter Mann**	Usted está cansado todos los días **Du bist jeden Tag müde**
Usted es una persona desagradable **Du bist eine ekelhafte Person**	Usted está molesto acerca del juego **Sie ärgern sich über das Spiel**
El es un estudiante excelente **Er ist ein ausgezeichneter Schüler**	El los está llevando al aeropuerto **Er bringt sie zum Flughafen**
El es un cocinero fantástico **Er ist ein fantastischer Koch**	El está yendo a visitarle este fin de semana **Er wird Sie dieses Wochenende besuchen**
Nosotros estamos siempre aquí para usted **Wir sind immer für dich da**	Ella está viniendo a casa en Acción de Gracias **Sie kommt zu Thanksgiving nach Hause**
Nosotros somos la misma gente **Wir sind die gleichen Menschen**	Nosotros estamos pensando acerca de usted **Wir denken an dich**
Ustedes son un equipo ganador **Ihr seid ein Gewinnerteam**	Usted está frustrado por toda la situación **Sie sind frustriert von der ganzen Situation**
Ustedes nunca están a tiempo **Du bist nie pünktlich**	Ellos están muy cansados después del viaje **Sie sind sehr müde nach der Reise**
Ellos son los mejores en la ciudad **Sie sind die Besten in der Stadt**	Se está haciendo tarde **Es wird spat**
Ellos son lo peor que hay **Sie sind das Schlimmste, was es gibt**	Nosotros estamos haciendo nuestra tarea **Wir machen unsere Hausaufgaben**
Es mejor si usted no viene **Es ist besser, wenn du nicht kommst**	Ella está tratando de finalizar su tarea hoy **Sie versucht, ihre Aufgabe heute zu beenden**

El 2do. Verbo Gatillo es "Haben" Este verbo puede tener dos significados en español: El primero es como el verbo "Haber" el segundo es como el verbo "Tener."

El verbo **"Haben"** en alemán se utiliza de dos formas distintas: La primera como un verbo auxiliar a verbos en pasado participio. En esta primera forma, el equivalente es español, es el verbo **"Haber"** usado como auxiliar de verbos en pasado participio, los cuales terminan en **"ido" or "ado."** La otra es para expresar posesión, propiedad, la cual es el verbo "Tener" en Espanol. *Ejemplos usando el verbo **"Haben"** como el verbo **"Haber"***

	Ich habe heute Post bekommen Yo he recibido correo hoy	**Ich bin essen gegangen** Yo he ido a comer
Ich habe **Du hast**	**Du hast dir lange Zeit gelass** Usted ha tomado mucho tiempo	**Du hast mich nicht angerufen** Usted no me ha llamado
Er hat **Sie hat**	**Sie hat bis morgens geschlafen** Ella ha dormido en la mañana	**Er ist gekommen um mich zu sehen** El ha venido a verme
Wir haben **Sie haben**	**Sie haben den ganzen Tag gelernt** Ellos han estudiado todo el día	**Sie hat mich nach Hause gebracht** Ella me ha llevado a casa
Es hat	**Sie haben den ganzen Morgen gekocht** Ellos han cocinado toda la mañana	**Ich bin nicht schlafen gegangen** Yo no me he ido a dormir
	Er ist den ganzen Tag gejoggt El estado corriendo toda la tarde	**Sie haben nicht Fernsehen geguckt** Ellos no han mirado TV

El 2do. Verbo Gatillo es "Haben" Este verbo puede tener dos significados en español: El primero es como el verbo "Haber" o el verbo "Tener."

El verbo **"Haben"** en alemán se utiliza de dos formas distintas: La segunda es cuando se describe <u>propiedad o posesión</u>. En esta segunda forma el verbo equivalente en español en el verbo **"Tener."** Sin embargo, la expresión **"Tener Que"** en Español se traduce en alemán bajo el verbo "**Müssen**" (deber).

Ejemplos usando "**haben**": Describiendo propiedad		_Ejemplos usando "**müssen**": Describiendo responsabilidad_	
Ich habe **Du hast** **Er hat** **Sie hat** **Wir haben** **Sie haben** **Es hat**	**Ich habe ein Auto** Yo tengo un coche	**Ich muss** **Du musst** **Er muss** **Sie muss** **Wir müssen** **Sie müssen** **Es muss**	**Du musst essen gehen** Yo tengo que ir a comer
	Er hat eine große Familie El tiene una familia numerosa		**Du musst mit ihm reden** Yo tengo que hablar con él
	Du hast ein Problem Usted tiene un problema		**Er muss dich nach Hause** El tiene que llevarle a casa
	Sie hat Kopfschmerzen Ella tiene un dolor de cabeza		**Wir müssen dich sehen** Nosotros temenos que verle
	Du hast einen Besucher Usted tiene un visitante		**Er muss jetzt leben** Ella se tiene que ir ahora

Aquí hay múltiples ejemplos del verbo "Tener"
cuando es utilizado como "Haben" en Alemán

Tener: Haben

Ich habe getan Yo he hecho	**Sie haben gelernt** Ellos han estudiado	**Du hast verstanden** Usted ha entendido
Ich habe bekommen Yo he recibido	**Ich bin gejoggt** Yo he corrido	**Er hat geschrieben** El ha escrito
Ich habe genommen Yo he llevado	**Sie ist gegangen** Ella ha caminado	**Du hast ich verbessert** Usted ha mejorado
Du hast gekocht Yo he cocinado	**Sie haben angerufen** Ellos han llamado	**Sie haben gedacht** Ellos han pensado
Er hat gewartet El ha esperado	**Ich habe gesprochen** Yo he hablado	**Du hast es gekauft** Usted lo ha traído
Sie hat gesehen Ella ha visto	**Sie hat aufgehört** Yo lo he comprado	**Sie hat gebadet** Ella se ha bañado

Tener: Haben	**Tener que: Müssen**	**Haber: Haben (Pasado Participio)**
Ich habe eine tolle Familie Yo tengo una gran familia	**Ich muss dich morgen sehen** Yo tengo que verle mañana	**Ich habe heute Post bekommen** Yo he recibido correo hoy
Ich habe Kopfschmerzen Yo tengo dolor de cabeza	**Ich muss vorbeikommen und dich sehen** Yo tengo que venir a verle	**Ich habe gestern Nacht gut geschlafen** Yo he dormido bien anoche
Du hast vier tolle Kinder Usted tiene cuatro hijos buenos	**Du musst essen gehen** Usted tiene que ir a comer	**Du hast deine Arbeit nicht gemacht** Usted no ha hecho su trabajo
Ich habe eine gute Arbeit Yo tengo un buen trabajo	**Ich muss ihn heute treffen** Yo tengo que reunirme con el hoy	**Ich habe sie heute früh gesehen** Yo la he visto hoy temprano
Er hat Probleme mit ihr El tiene problemas con ella	**Er muss ihm das Essen bringen** El tiene que traerle la comida	**Er hat einen großen Fehler gemacht** El ha cometido un gran error
Sie haben ein tolles Leben Ellos tienen una gran vida	**Sie müssen sich beeilen** Ellos se tienen que apurar	**Sie haben heute viel gegessen** Ellos han comido mucho hoy
Du hast viel Glück Ustedes tiene mucha suerte	**Du musst das Projekt beenden** Usted tiene que terminar el Proyecto	**Wir haben sie zur Schule geschickt** Nosotros la hemos enviado a la escuela
Ich habe einen schweren Pfad vor mir Yo tengo un camino difícil por delante	**Wir müssen anfangen zund zu bewegen** Nosotros tenemos que comenzar a movernos	**Du warst in letzter Zeit abwes** Ustedes han estado ausentes ultimamente
Du hast großes Glück Eres muy afortunado	**Sie muss aufpassen** Ella tiene que poner atención	**Sie hat neue Kleidung gekauft** Ella ha comprador ropa nueva
Sie hat ein brandneues Auto Ella tiene un coche nuevo	**Es muss repariert werden** Tiene que ser reparado	**Es wurde schon repariert** Ya ha sido reparado
Es hat ein kaputtes Licht Tiene una luz rota	**Ich muss von vorn beginnen** Yo tengo que empezar de nuevo	**Ich habe darüber nachgedacht** Yo he estado pensando en ello

El 3er. Verbo Gatillo es "Mögen /Wollen"

En español significa "Querer", y se usa de dos formas distintas

1. Expresar un deseo con el verbo: **mögen**
2. Expresar una orden, mandato o solicitud con el verbo : **wollen**

Ejemplos usando "**mögen**": Para expresar deseo		_Ejemplos usando "**wollen**": Para dar órdenes o pedir_	
Ich möchte **Du möchtest** **Er möchte** **Sie möchte** **Wir möchten** **Ihr möchtet** **Sie möchten** **Es möchte**	**Ich möchte schlafen gehen** Yo me quiero ir a dormir	**Ich will** **Du willst** **Er will** **Sie will** **Wir wollen** **Ihr wollt** **Sie wollen** **Es will**	**Ich will, dass du essen gehst** Yo quiero que usted vaya comer
	Ich möchte deutsche lernen Yo quiero aprender alemán		**Er will, dass du ihm schreibst** El quiere que usted le escriba
	Sie möchte für dich kochen Ella quiere cocinarle a ustedes		**Wir wollen, dass du darüber nachdenkst** Queremos que lo piense
	Sie möchte dich nach Hause bringen Ellos quieren llevarle a casa		**Ich will, dass du mir den Check bringst** Yo quiero que me traiga la cuenta

Ejemplos

Desear/ Querer: Mögen	Comando/ Orden: Wollen
Ich möchte mit dir ins Kino Yo quiero llevarle al cine	**Ich will, dass du aufhörst mich anzurufen** Yo quiero que usted pare de llamarme
Ich möchte heute nach dem Mittagessen shoppen gehen Yo quiero ir de compras hoy después de comer	**Er will, dass du ihn heute um 14 Uhr anrufst** El quiere que usted lo llame hoy a las 2 p.m.
Möchtest du, dass Ich dir etwas mitbringe? ¿Usted quiere que le traiga alguna cosa?	**Willst du, dass wir ihn fertig machen?** ¿Usted quiere que lo tengamos listo?
Er möchte brandneue Schuhe kaufen El quiere comprar un par de zapatos nuevos	**Ich will, dass du gut darüber nachdenkst** Yo quiero que lo piense con cuidado
Sie möchte versuchen einen neuen Job zu finden Ella quiere tratar de conseguir un trabajo nuevo	**Sie will, dass Ich sie in Ruhe lasse** Ella quiere que yo no la moleste más

El 4to. Verbo Gatillo es "Können"

En español significa "Poder"

Ejemplos usando el verbo "können":

Ich kann	Ich kann dich später sehen Yo puedo verle luego	Er kann um zwölf kommen El puede venir al mediodía
Du kannst Er kann Sie kann	Sie kann ihn sehen Ella puede ir a verle	Du kannst es tun Usted puede hacerlo
Wir können Ihr könIchnt Sie können	Sie können dich nach Hause bringen Ellos pueden llevarle a casa	Du kannst reinkommen Usted puede entrar
Es kann	Er kann morgen kommen El puede venir mañana	Ich kann dich später anrufenYo puedo llamarle luego

Ejemplos: Können

Ich kann dich dieses Wochenende sehen kommen Yo puedo venir a verle éste fin de semana	**Er kann sich für den Test diese Woche vorbereiten** El puede prepararse para el examen esta semana
Ich kann dich jeden Abend um 8 anrufen Yo puedo llamarle todas las noches a las 8 p.m.	**Du kannst sie vorbeibringen um den Tag hier zu verbringen** Usted puede traerlos a pasar el día aquí
Er kann sie morgen um 4 mit in den Park nehmen El puede llevarles al parque mañana a las 4	**Du kannst mit ihnen ins Kino gehen** Usted puede ir al cine con ellos
Sie kann kein Hähnchen essen Ella no puede comer pollo	**Du kannst mich nach dem Mittagessen anrufen** Usted puede llamarme después del almuerzo
Wir können zusammenarbeiten um das Problem zu lösen Nosotros podemos trabajar juntos para resolver el problema	**Sie können sich beschweren so viel sie wollen, es wird keinen Unterschied machen** Ellos pueden protestar todo lo que quieran pero no hará diferencia

Ok. Usemos ahora los Pronombres, los cuatro Verbos Gatillo, las Palabras Mágicas y los Verbos Infinitivos adicionales para construir más Oraciones y Frases.

Pronombres:	**Ich muss sie anrufen**	**Ich möchte dich sehen kommen**
Yo – Ich	Yo tengo que llamarla	Yo quiero venir a verle
Usted – Du	**Ich möchte mit dir zu Abend essen**	**Du kannst schlafen gehen**
El – Er	Yo quiero llevarle a cenar	Usted puede irse a dormir
Ella – Sie	**Er kann am Mittag auf dich warten**	**Sie möchte für dich kochen**
Nosotros – Wir	El puede esperar por usted al mediodía	Ella quiere cocinarle
Ustedes – Ihr	**Ich muss mir Notizen machen**	**Ich muss rennen um ihn zu sehen**
Ellos – Sie	Yo tengo que ir a tomar notas	Yo tengo que correr para ir a verle
Eso – Es		
Los 4 Verbos Gatillo:	**Ich kann dich morgen sehen kommen**	**Sie können kommen um heut Abend zu joggen**
Essere – Sein	Yo puedo ir a verle mañana	Ellos pueden venir a correr esta noche
Haber/Tener – Haben		
Tener Que – Müssen	**Wir können ziemlich schnell kochen**	**Er muss sie bald anrufen**
Querer – Wollen/	Nosotros podemos cocinar muy rápido	El tiene que llamarla pronto
Mögen	**Wir müssen auf sie warten**	**Ich möchte hier essen**
Poder – Können	Nosotros tenemos que esperar por ella	Yo quiero comer aqui

Lección No. 9 : Parte E 2

Verbos Gatillo Adicionales	
Ir	**Gehen**
Venir	**Kommen**
Tomar	**Nehmen**
Comprar	**Kaufeb**
Cocinar	**Kochen**
Esperar	**Warten**
Correr	**Rennen**
Mirar	**Gucken**
Ver	**Sehen**
Dar	**Geben**
Recibir	**Bekommen**
Obtener	**Erhalten**
Caminar	**Gehen**
Escribir	**Schreiben**
Leer	**Lesen**

Ejemplos

Du musst kommen und sie sehen Usted tiene que venir a verla	**Sie können dich jetzt zum Flughafen bringen** Ellos pueden llevarle al aeropuerto ahora
Du kannst vorbeikommen undspäter Fernsehen schauen Usted puede venir a ver TV luego	**Du kannst um drei die Einkäufe erledigen** Usted puedes hacer la compra a las tres.
Sie will dich bald anrufen Ella quiere que la llame pronto	**Er muss diese Woche Post bekommen** El tiene que recibir correo esta semana
Er kann ziemlich gut lesen El puede leer muy bien	**Er muss seinen Ausweis holen gehen** Deve andare a prendere il suo ID
Sie müssen heute rennen Ellos tienen que correr hoy	**Er muss lernen oft zu schreiben** El tiene que aprender a escribir a menudo
Sie will jeden Morgen rennen Ella quiere correr todas las mañanas	

Ahora construyamos frases con lo que hemos aprendido

Ich muss ein guter Vater sein Yo tengo que ser un buen padre	**Ich muss pünktlich da sein** Yo tengo que estar allí a tiempo	**Er muss geduldig sein** El tiene que ser paciente
Ich will fair sein Yo quiero ser justo	**Ich möchte da sein** Yo quiero estar presente	**Er will wie sein Vater sein** El quiere ser como su padre
Ich kann oft zu spät kommen Yo puedo estar tarde a menudo	**Ich kann um zwei da sein** Yo puedo estar allá a las dos	**Er kann ein guter Teamspieler sein** El puede ser un gran miembro del equipo
Ich muss hartnäckig sein Usted tiene que ser persistente	**Du musst immer in Alarmbereitschaft sein** Usted tiene que estar alerta todo el tiempo	**Wir wollen bereit für ihn sein** Nosotros queremos estar listos para él
Du willst der Beste sein Usted quiere ser el major	**Du möchtest allen anderen voraus sein** Usted quiere estar adelante de la curva	**Wir können am Verlieren sein** Nosotros podemos estar en el lado perdedor
Du kannst als letztes ankommen Usted puede ser el último en venir	**Du kannst bald eine Menge Ärger haben** Ustedes pueden tener muchos problemas pronto	**Er muss zerstört sein** El tiene que estar devastado
Wir müssen höflich sein Nosotros tenemos que ser educados	**Er kann später verfügbar sein** El puede estar disponible luego	**Er will dauerhaft im Urlaub sein** El quiere estar de vacaciones permanentemente

Los Verbos Infinitivos/ Los Cuatro Verbos Gatillo

Pronombre	Ser/Estar **Sein**	Querer **Wollen**	Tener/ Haber **Haben**	Poder **Können**
Yo – **Ich**	bin	will	habe	kann
Usted – **Du**	bist	willst	hast	kannst
El – **Er**	ist	will	hat	kann
Ella – **Sie**	ist	will	hat	kann
Nosotros– **Wir**	sind	wollen	haben	können
Ustedes – **Ihr**	seid	wollt	habt	könnt
Ellos – **Sie**	sind	wollen	haben	können
Eso/Esto – **Es**	ist	will	hat	kann

8avo. Paso de Aprendizaje

Los 4 formatos en fórmula

(Plantillas)
Le permiten conversar en Gerundio (acción)
Participio Pasado, Futuro Condicional usando
únicamente "Verbos Infinitivos"

Practíquelos, especialmente las conjugaciones
y (la pronunciación)

<u>Gerundio/ Gerund (Acción)</u>

ALEMÁN: Sein

ESPAÑOL: Estar + Verbo termina en "iendo" o "ando"
Como convertir:
- Un verbo infinitivo en Español se convierte a gerundio eliminando la "r" y anadiendo la terminacion "iendo" o "ando"
- En Alemán es un verbo infinitivo delinado.

Ejemplo: Caminar = **Gehen** (Verbo Infinitivo)

Yo estoy caminando a comer

Ich gehe zum Essen

Lección No. 10 : Parte E 2

Ejemplos: Gerundio

Ich rufe dich jetzt an Yo estoy llamándole ahora	**Sie rufen ihn heute an** Ellos están llamándole hoy	**Sie rufen heute Abend an** Ellos están llamándole esta noche
Ich lerne den ganzen Morgen Yo estoy estudiando toda la mañana	**Sie lernen heute** Ellos están estudiando hoy	**Sie lernt jetzt** Ella está estudiando ahora
Ich warte am Haus Yo estoy esperando en la casa	**Wir warten auf dich** Ellos están esperando por usted	**Du wartest umsonst** Usted está esperando en vano
Ich schreibe dir jede Woche Yo estoy escribiéndole cada semana	**Sie schreiben jede Woche** Ella está aprendiendo acerca del país	**Er schreibt oft** El está escribiendo a menudo
Ich versuche dich zu besuchen Yo estoy tratando de visitarle	**Sie versucht uns zu besuchen** Ella está tratando de visitarnos	**Sie versuchen anzurufen** Ellos están tratando de llamar
Ich lerne deutsch zu sprechen Yo estoy aprendiendo a hablar Alemán	**Sie lernt etwas über das Land** Ellos están escribiendo cada dos semanas	**Er lernt die Grundlagen** El está aprendiendo lo básico
Ich gucke deutsches Fernsehen Yo estoy viendo la TV en Alemán	**Du siehst sie aufwachsen** Usted está mirándola crecer	**Er guckt das Spiel** El está mirando el juego

Verbos Infinitvos:

Llamar: **Anrufen**   Estudiar: **Lernen**   Esperar: **Warten**   Escribir: **Schreiben**

Aprender: **Lernen**   Mirar: **Gucken**   Tratar: **Versuchen**

Pasado Participio/Participio Passato

ALEMÁN: Verbo "Haben" + Verbo terminado en **"et"**
ESPAÑOL: Verbo "Haber" + Verbo termiando en **"ido"** o **"ado."**

Ejemplo: Esperar = **Warten**   Esperar = **Esperado**   Warten = **Wartet**
Yo he estado esperando por usted
Ich habe auf dich gewartet

Ich habe gewartet	=	Yo he esperado
Du hast gewartet		Usted ha esperado
Er hat gewartet		El ha esperado
Sie hat gewartet		Ella ha esperado
Wir haben gewartet		Nosotros hemos esperado
Ihr habt gewartet		Ustedes han esperado
Sie haben gewartet		Ellos han esperado
Es hat gewartet		Eso/Esto ha esperado

Ejemplos: Pasado Participio

Bringen: Ich habe sie nach Hause gebracht Llevar : Yo la he llevado a casa	**Warten: Sie haben auf dich gewartet** Esperar: Ellos han estado esperando por usted
Essen: Er hat um 12 gegessen Comer: El ha comido a las 12	**Waschen: Sie hat den ganzen Morgen gewaschen** Lavar: Ella ha estado lavando toda la mañana
Lernen: Sie haben gelernt zu lesen Aprender: Ellos han aprendido a leer	**Fragen: Er hat nach dir gefragt** Preguntar: El ha estado preguntando por usted
Reden: Sie hat mit ihm geredet Hablar: Ella ha hablado con él	**Kochen: Sie haben heute gekocht** Cocinar: Ellos han estado cocinando hoy
Lernen: Wir haben gelernt Estudiar: Nosotros hemos estudiado	**Gehen: Wir sind gegangen** Caminar: Nosotros hemos caminado
Bekommen: Sie haben keine Post bekommen Recibir: Ellos no han recibido correo	**Nachdenken: Du hast darüber nachgedacht** Pensar : Usted ha pensado acerca de eso
Gehen: Ich bin gegangen um sie zu sehen Ir : Yo he ido a verla	**Kommen: Du bist jedes Jahr gekommen** Venir: Usted ha estado viniendo cada año
Mitbringen: Er hat einen Freund mitgebracht Traer: El ha traído una amiga	**Gewinnen: Wir haben mehr gewonnen** Ganar: Nosotros hemos estado ganando más
Zuhören: Sie hat ihm zugehört Escuchar: Ella le ha escuchado	**Kaufen: Ich habe viele Vitamine gekauft** Comprar: Yo he estado comprando muchas vitaminas

Participio Passato (Verbi)/(Verbos) Pasado Participio

Gewesen Sido	**Gewesen** Estado	**Angekommen** Llegado	**Gewaschen** Lavado	**Abgekühlt** Enfriado	**Gepackt** Empacado	**Geschrieben** Escrito	**Gekämpft** Peleado
Gekommen Venido	**Gesprochen** Hablado	**Berechnet** Calculado	**Erklärt** Explicado	**Geguckt** Mirado	**Gebracht** Traído	**Geantwortet** Respondido	**Gedacht** Pensado
Bekommen Recibido	**Genommen** Lleva Do	**Gesehen** Visto	**Wiederholt** Repetido	**Beschwert** Apelado	**Gebraucht** Necesitado	**Aufgewärmt** Calentado	**Geguckt** Mirado
Gerannt Corrido	**Gereinigt** Limpiado	**Angerufen** Llamado	**Gehabt** Tenido	**Beendet** Finalizado	**Umstritten** Disputado	**Gekocht** Cocinado	**Geantwortet** Respondido
Erledigt Hecho	**Fehlgeschlagen** Fallado	**Gegeben** Dado	**Zugehört** Escuchado	**Akzeptiert** Aceptado	**Gebaut** Construído	**Gereist** Viajado	**Gegriffen** Agarrado
Gewünscht Deseado	**Gemacht** Hecho	**Gegangen** Caminado	**Gekauft** Comprado	**Gefragt** Preguntado	**Gewollt** Querido	**Realisiert** Dado Cuenta	**Gestartet** Empezado
Erinnert Recordado	**Gebacken** Horneado	**Gelegt** Puesto	**Gesessen** Sentado	**Gelesen** Leído	**Gegessen** Comido	**Gegangen** Ido	**Genossen** Disfrutado
Frittiert Frito	**Gehört** Escuchado	**Verloren** Perdido	**Gemocht** Gustado	**Gestanden** Lavado	**Gebadet** Bañado	**Gesagt** Dicho	**Gesucht** Buscado
Geschlafen Dormido	**Zugestimmt** Acordado	**Verlassen** Salido	**Verlassen** Dejado	**Geliebt** Amado	**Aufgewacht** Despertado	**Gelegt** Dejado	**Traurig Gemacht** Entristecido
Gefragt Preguntado	**Betreten** Introducido	**Wehgetan** Herido	**Gefunden** Encontrado	**Geflohen** Volado	**Gewonnen** Ganado	**Geweint** Llorado	**Versendet** Enviado
Bestellt Ordenado	**Gekocht** Hervido	**Geträumt** Soñado	**Getrunken** Bebido	**Gezahlt** Pagado	**Geschwommen** Nadado	**Gewartet** Esperado	**Gestartet** Empezado
Geantwortet Respondido	**Verstanden** Entendido	**Gestritten** Discutido	**Gesprungen** Saltado	**Vergessen** Olvidado	**Angekommen** Llegado	**Getrocknet** Secado	**Gezeigt** Mostrado

Futuro/ Futuro

ALEMÁN: Verbo werden + Verbo Infinitivo
ESPAÑOL: Verbo ir a + Verbo Infinitivo.

Yo voy a – Ich werde
Tu vas a – Du wirst
Usted va a – Er wird
El/Ella van a – Sie wird
Nosotros vamos a – Wir warden
Ustedes van a – Ihr werdet
Ellos van a – Sie werden
Esto/Eso va a – Es wird

Ejemplo: Comer = **Essen**

Yo voy a ir a comer después

Ich werde später essen

Lección No. 12

Ich werde später laufen Yo voy a ir a correr después	**Sie werden dich bald besuchen** Ellos van a venir a visitarle pronto
Du wirst nicht fertig Usted no va a terminar	**Ich werde den ganzen Tag lernen** Yo voy a estudiar todo el día
Sie wird dich später anrufen Ella va a llamarle luego	**Sie werden dein Essen holen** Ellos van a traerle la comida
Du wirst mich nach Hause bringen Usted va a llevarme a casa	**Er wird heute für dich kochen** El va a cocinarle hoy
Er wird um 12 auf dich warten El le va a esperar a las doce	**Er wird um 3 fliegen** El va a volar hoy a las 3
Er wird dir um 1 Mittagessen bringen El le va a traer el almuerzo a la 1	**Du wirst nicht pünktlich sein** Usted no va a estar a tiempo hoy

4. Condicional

<table>
<tr><td></td><td></td></tr>
<tr><td></td><td>

Condicional

ALEMÁN: Verbo Infinitivo + Verb würde
ESPAÑOL: Verbo infinitivo + la terminancion "ia"
o "iera"

Ejemplo:
Verbos infinitivos: Ir = **Gehen**   Correr = **Rennen**
Yo iria a corer si tu vinieses conmigo.
Ich würde rennen, wenn du mit mir kommen würdest

</td></tr>
</table>

Lección No. 13

Ejemplos

	Infinitivo	
Ich könnte laufen gehen wenn das Wetter gut ist	Poder	**Kann**
Yo podría ir a correr si el clima está agradable	Deberá	**Soll**
Du solltest nur zum Lernen kommen, wenn du dafür bereit bist	Ir	**Gehen**
Usted debería venir a estudiar sólo si usted está listo para ello	Comer	**Essen**
Ich würde dich besuchen kommen, wenn du Zeit für mich hättest	Llamar	**Anrufen**
Yo iría a visitarle si usted estuviera disponible para mí	Esperar	**Warten**
Wir würden bei dir essen, wenn du für uns alle kochen würdest	Hablar	**Reden**
Nosotros comeríamos en su casa si ustedes cocinaran para todos nosotros	Estudiar	**Lernen**
Sie würden dich um 12 anrufen, wenn du ihnen Antworten geben kannst	Comprar	**Kaufen**
Ellos llamarían al mediodía si usted tuviera una respuesta para ellos	Llevar	**Nehman**

	Condicional	
Ich würde dich zum Flughafen fahren, wenn du um 8 bereit bist	Podría	**Kann**
Yo le llevaría al aeropuerto si usted estuviera listo a las 8	Debería	**Sollte**
Du wärst glücklich, wenn du nur versuchen würdest mir zu helfen	Iría	**Würde Gehen**
Usted se sentiría muy contento si simplemente tratara de dar una mano	Comería	**Würde Essen**
Sie würde um 12 auf sie warten, wenn sie alle erscheinen würden	Llamaría	**Würde Anrufen**
Ella esperaría por ellos al mediodía si todos ellos vienen	Esperaría	**Würde Warten**
Sie würden es vorziehen, momentan nichts zu machen	Estudiaría	**Würde Lernen**
Ellos preferirían que usted no haga nada por el momento	Hablaría	**Würde Reden**
Er wird versuchen morgen fertig zu werden, wenn er bezahlt wird	Llevaría	**Würde Nehman**
El trataría de terminar mañana si recibe el pago		

Los 4 formatos en fórmula
("los verbos infinitivos" son la base de este curso)

Gerundio/ Gerund (Acción)

ALEMÁN: Sein
ESPAÑOL: Estar + Verbo termina en **"iendo" o "ando"**

Como convertir:
- Un verbo infinitivo en Español se convierte a gerundio eliminando la "r" y anadiendo la terminacion **"iendo" o "ando"**
- En Alemán es un verbo infinitivo delinado.

Ejemplo: Caminar = **Gehen** (Verbo Infinitivo)
          Yo estoy caminando a comer
          Ich gehe zum Essen

Pasado Participio/Participio Passato

ALEMÁN: Verbo "Haben" + Verbo terminado en **"et"**
ESPAÑOL: Verbo "Haber" + Verbo termiando en **"ido" o "ado."**

Ejemplo: Esperar = **Warten**   **Esperar = Esperado**   **Warten = Wartet**
         Yo he estado esperando por usted
        Ich habe auf dich gewartet

Ich habe gewartet	=	Yo he esperado
Du hast gewartet		Usted ha esperado
Er hat gewartet		El ha esperado
Sie hat gewartet		Ella ha esperado
Wir haben gewartet		Nosotros hemos esperado
Ihr habt gewartet		Ustedes han esperado
Sie haben gewartet		Ellos han esperado
Es hat gewartet		Eso/Esto ha esperado

Futuro/ Futuro

ALEMÁN: Verbo werden + Verbo Infinitivo
ESPAÑOL: Verbo ir a + Verbo Infinitivo.

Yo voy a – Ich werde
Tu vas a – Du wirst
Usted va a – Er wird
El/Ella van a – Sie wird
Nosotros vamos a – Wir warden
Ustedes van a – Ihr werdet
Ellos van a – Sie werden
Esto/Eso va a – Es wird

Ejemplo: Comer = **Essen**
        Yo voy a ir a comer después
        Ich werde später essen

Condicional

ALEMÁN: Verbo Infinitivo + Verb **"würde"**
ESPAÑOL: Verbo infinitivo + la terminancion **"ia" o "iera"**

Ejemplo:
Verbos infinitivos: Ir = **Gehen**   Correr = **Rennen**
Yo iria a corer si tu vinieses conmigo.
Ich würde rennen, wenn du mit mir kommen würdest

9no. Paso de Aprendizaje

Preguntas y Negaciones

Practíquelas, especialmente las conjugaciones y la pronunciación

Lección No. 14

Preguntas

En alemán, las preguntas se formulan siempre y únicamente cambiando el sustantivo y el verbo.

Ejemplos:

Usted quiere ir a comer
¿Quiere usted ir a comer?
Du möchtest essen gehen
Möchtest du essen gehen?

Usted tiene que venir
¿Tiene usted que venir?
Du möchtest kommen
Möchtest du kommen?

Yo puedo ir a visitarla
¿Puedo yo ir a visitarla?
Ich kann sie besuchen
Kann Ich sie besuchen?

Ella debería llamarme
¿Debería ella llamarme?
Sie sollte mich anrufen
Soll sie mich anrufen?

Negaciones

En alemán, las negaciones siempre y solo se formulan insertando "nicht" justo después del sustantivo.

Ejemplos:

Usted quiere ir a comer
Usted no quiere ir a comer
Du möchtest essen gehen
Du möchtest nicht essen gehen

Usted tiene que venir
Usted no tiene que venir
Du möchtest kommen
Du möchtest nicht kommen

Yo puedo ir a vistarla
Yo no puedo ir a visitarla
Ich kann sie besuchen
Kann Ich sie nicht besuchen

Ella debería llamarme
Ella no debería llamarme
Sie sollte mich anrufen
Sollte sie mich nicht anrufen

10mo. Paso de Aprendizaje

"Hay"

"Es gibt"

Practíquelo Especialmente
(la pronunciación)

Lección No. 15

Hay / Es Gibt

Hay : Es gibt

Hubo: Es gab

Hubieron: Es gab

Ha habido: Es hat gegeben

Han habido: Es hat gegeben

Habra: es wird geben

Habria: Es würde geben

Hubiera habido: Es würde gegeben haben

11vo. Paso de Aprendizaje

"Er-Est-Y"

Aprenda cómo estas terminaciones son utilizadas en Alemán

Practíquelas, especialmente (la pronunciación)

Las terminaciones Er - Est – Y

Más corto	kürzer	Lo más corto	am kürzesten	
Mejor	besser	Lo mejor	am besten	
Más alto	größer	Lo más alto	am größten	
Más rápido	schneller	Lo más rápido	am schnellsten	
Más pequeño	kleiner	Lo más pequeño	am kleinsten	
Más despacio	langsamer	Lo más despacio	am langsamsten	
Más caliente	heißer	Lo más caliente	am heißesten	
Más frío	kälter	Lo más frío	am kältesten	
Más tonto	dümmer	Lo más tonto	am dümmsten	
Más poco	weniger	Lo más poco	am wenigsten	
Pequeño	kleiner	Tan…como	so…wie	
Retardado	später	Más…que	mehr…als	
Lloroso	trauriger			

Ejemplos:

Kleiner Als
Más Corto Que

Besser Als
Mejor Que

Größer Als
Más Alto Que

Schneller Als
Más Rápido Que

La Terminación ER cuando es aplicada a un verbo infinitivo,
la convierte en una persona

Fahren – Manejar	**Fahrer** – Conductor
Essen – Comer	**Esser** – Comilón/Glotón
Spielen – Jugar	**Spieler** – Jugador
Laufen – Corer	**Läufer** – Corridor
Schlafen – Dormir	**Schläfer** – Dormilón
Schreiben – Escribir	**Schreiber** – Escritor
Lesen – Leer	**Leser** – Lector
Zahlen – Pagar	**Zahler** – Pagador
Waschen – Lavar	**Wäscher** – Lavadora
Sprechen – Hablar	**Sprecher** – Hablador

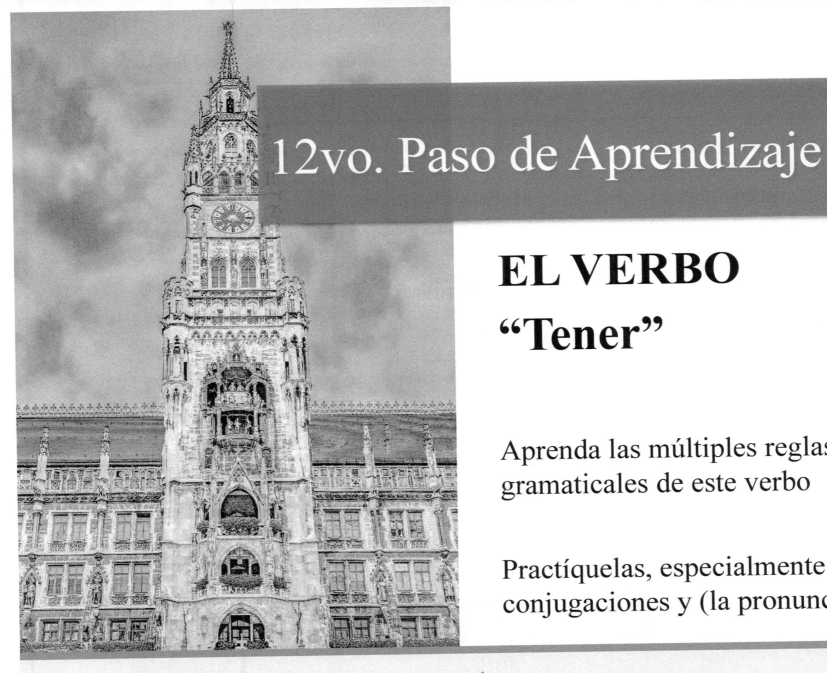

12vo. Paso de Aprendizaje

EL VERBO "Tener"

Aprenda las múltiples reglas gramaticales de este verbo

Practíquelas, especialmente las conjugaciones y (la pronunciación)

El extraño caso del verbo Tener

En Alemán dependiendo de su uso, existen dos usos y reglas gramaticales distintas para el verbo **"Haben"**:

1) **Propiedad o posesión**
   Ejemplos: Ich habe Kopfschmerzen – Yo tengo un dolor de cabeza.
   Ich habe einen Sohn – Yo tengo un hijo.

2) **Deber/ Responsabilidad**
   Ejemplos: Ich muss gehen – Yo me tengo que ir
   Du musst kommen – Usted tiene que venir

3) **Pasado Participio** (como algo que ya ha pasado)
   Ejemplos: Ich habe es geschafft – ¡Ya lo he hecho!

Propriedad	Deber/ Responsabilidad	Pasado Participio
Haben – Tener	Müssen – Tener que	Haben – Haber
Ho una famiglia	Tengo que ir a comer	Yo he ido a comer temprano
Ich habe eine Familie	**Ich muss essen gehen**	**Ich hatte früh essen**

Practiquemos lo que hemos aprendido

Verbo Infinitivo

Ejemplo: <u>Kochen</u> (Verbo Infinitivo) Cocinar

Presente	Gerundio	Futuro	Pasado Participio	Condicional
Yo cocino **Ich koche**	Yo estoy cocinando **Ich bin am kochen**	Yo voy a cocinar **Ich werde kochen**	Yo he cocinado **Ich habe gekocht**	Yo cocinaría **Ich würde kochen**
Yo voy a estar cocinando **Ich werde kochen**	Yo estaba cocinando **Ich habe gekocht**	Yo tengo que cocinar **Ich muss kochen**	Yo he estado cocinando **J'étais en train de cuisiner**	
Yo hubiera cocinado **Ich würde gekocht haben**	Yo cociné **Ich kochte**			

Ejemplo: <u>Warten</u> (Verbo Infinitivo) Esperar

Presente	Gerundio	Futuro	Pasado Participio	Condicional
Yo espero **Ich warte**	Yo estoy esperando **Ich bin am warten**	Yo voy a esperar **Ich werde warten**	Yo he esperado **Ich habe gewartet**	Yo esperaría **Ich würde warten**
Yo voy a estar esperando **Ich werde warten**	Yo estaba esperando **Ich habe gewartet**	Yo tengo que esperar **Ich muss warten**	Yo he estado esperando **Ich hatte gewartet**	
Yo hubiera esperado **Ich würde gewartet haben**	Yo esperé **Ich wartete**			

Verbo Infinitivo

Ejemplo: <u>Rennen</u> (Verbo Infinitivo) Correr

Presente	**Gerundio**	**Futuro**	**Pasado Participio**	**Condicional**
Yo corro	Yo estoy corriendo	Yo voy a correr	Yo he corrido	Yo correría
Yo voy a estar corriendo	Yo estaba corriendo	Yo tengo que correr	Yo he estado corriendo	
Yo hubiera corrido	Yo corrí			

Ejemplo: <u>Essen</u> (Verbo Infinitivo) Comer

Presente	**Gerundio**	**Futuro**	**Pasado Participio**	**Condicional**
Yo como	Yo estoy comiendo	Yo voy a comer	Yo he comido	Yo comería
Yo voy a estar comiendo	Yo estaba comiendo	Yo tengo que comer	Yo he estado comiendo	
Yo hubiera comido	Yo comí			

Verbo Infinitivo

Ejemplo: <u>Reden</u> (Verbo Infinitivo) Hablar

Las 4 Plantillas/ Formato

Presente Yo hablo	**Gerundio** Yo estoy hablando	**Futuro** Yo voy a hablar	**Pasado Participio** Yo he hablado	**Condicional** Yo hablaría
Yo voy a estar hablando	Yo estaba hablando	Yo tengo que hablar	Yo he estado hablando	
Yo hubiera hablado	Yo hablé			

Ejemplo: <u>Anrufen</u> (Verbo Infinitivo) Llamar

Las 4 Plantillas/ Formato

Presente Yo llamo	**Gerundio** Yo estoy llamando	**Futuro** Yo voy a llamar	**Pasado Participio** Yo he llamado	**Condicional** Yo llamaría
Yo voy a estar llamando	Yo estaba llamando	Yo tengo que llamar	Yo he estado llamando	
Yo hubiera llamado	Yo llamé			

Verbo Infinitivo

Ejemplo: <u>Nehmen</u> (Verbo Infinitivo) Llevar

Las 4 Plantillas/ Formato

Presente	**Gerundio**	**Futuro**	**Pasado Participio**	**Condicional**
Yo llevo	Yo estoy llevando	Yo voy a llevar	Yo he llevado	Yo llevaría
Yo voy a estar llevando	Yo estaba llevando	Yo tengo que llevar	Yo he estado llevando	
Yo hubiera llevado	Yo llevé			

Ejemplo: <u>Bekommen</u> (Verbo Infinitivo) Recibir

Las 4 Plantillas/ Formato

Presente	**Gerundio**	**Futuro**	**Pasado Participio**	**Condicional**
Yo recibo	Yo estoy recibiendo	Yo voy a recibir	Yo he recibido	Yo recibiría
Yo voy a estar recibiendo	Yo estaba recibiendo	Yo tengo que recibir	Yo he estado recibiendo	
Yo hubiera recibido	Yo recibí			

Verbo Infinitivo

Ejemplo: <u>**Denken**</u> **(Verbo Infinitivo) Pensar**

Presente Yo pienso	**Gerundio** Yo estoy pensando	**Futuro** Yo voy a pensar	**Pasado Participio** Yo he pensado	**Condicional** Yo pensaría
Yo voy a estar pensando	Yo estaba pensando	Yo tengo que pensar	Yo he estado pensando	
Yo hubiera pensado	Yo pensé			

Ejemplo: <u>**Lernen**</u> **(Verbo Infinitivo) Estudiar**

Presente Yo estudio	**Gerundio** Yo estoy estudiando	**Futuro** Yo voy a estudiar	**Pasado Participio** Yo he estudiado	**Condicional** Yo estudiaría
Yo voy a estar estudiando	Yo estaba estudiando	Yo tengo que estudiar	Yo he estado estudiando	
Yo hubiera estudiado	Yo estudié			

Verbo Infinitivo

Ejemplo: <u>Schreiben</u> (Verbo Infinitivo) Escribir

Presente	**Gerundio**	**Futuro**	**Pasado Participio**	**Condicional**
Yo escribo	Yo estoy escribiendo	Yo voy a escribir	Yo he escrito	Yo escribiría
Yo voy a estar escribiendo	Yo estaba escribiendo	Yo tengo que escribir	Yo he estado escribiendo	
Yo hubiera escrito	Yo escribí			

Ejemplo: <u>Lesen</u> (Verbo Infinitivo) Leer

Presente	**Gerundio**	**Futuro**	**Pasado Participio**	**Condicional**
Yo leo	Yo estoy leyendo	Yo voy a leer	Yo he leido	Yo leería
Yo voy a estar leyendo	Yo estaba leyendo	Yo tengo que leer	Yo he estado leyendo	
Yo hubiera leído	Yo leí			

Verbo Infinitivo

Ejemplo: <u>Tun</u> (Verbo Infinitivo) Hacer

Las 4 Plantillas/ Formato

Presente	**Gerundio**	**Futuro**	**Pasado Participio**	**Condicional**
Yo hago	Yo estoy haciendo	Yo voy a hacer	Yo he hecho	Yo haría
Yo voy a estar haciendo	Yo estaba haciendo	Yo tengo que hacer	Yo he estado haciendo	
Yo hubiera hecho	Yo hice			

Ejemplo: <u>Arbeiten</u> (Verbo Infinitivo) Trabajar

Las 4 Plantillas/ Formato

Presente	**Gerundio**	**Futuro**	**Pasado Participio**	**Condicional**
Yo trabajo	Yo estoy trabajando	Yo voy a trabajar	Yo he trabajado	Yo trabajaría
Yo voy a estar trabajando	Yo estaba trabajando	Yo tengo que trabajar	Yo he estado trabajando	
Yo hubiera trabajado	Yo trabajé			

Negación

Ejemplo: <u>Kochen</u> (Verbo Infinitivo) Cocinar

Presente	Gerundio	Futuro	Pasado Participio	Condicional
Yo no cocino **Ich koche nicht**	Yo no estoy cocinando **Ich koche nicht**	Yo no voy a cocinar **Ich werde nicht kochen**	Yo no he cocinado **Ich habe nicht gekocht**	Yo no cocinaría **Ich würde nicht kochen**
Yo no voy a estar cocinando **Ich werde nicht kochen**	Yo no estaba cocinando **Ich habe nicht gekocht**	Yo no tengo que cocinar **Ich muss nicht kochen**	Yo no he estado cocinando **Ich hatte nicht gekocht**	
Yo no hubiera cocinado **Ich hätte nicht gekocht**	Yo no cociné **Ich kochte nicht**			

Ejemplo: <u>Warten</u> (Verbo Infinitivo) Esperar

Presente	Gerundio	Futuro	Pasado Participio	Condicional
Yo no espero **Ich warte nicht**	Yo estoy esperando **Ich warte nicht**	Yo no voy a esperar **Ich werde nicht warten**	Yo no he esperado **Ich habe nicht gewartet**	Yo no esperaría **Ich würde nicht warten**
Yo no voy a estar esperando **Ich werde nicht warten**	Yo no estaba esperando **Ich habe nicht gewartet**	Yo no tengo que esperar **Ich muss nicht warten**	Yo no he estado esperando **Ich hatte nicht gewartet**	
Yo no hubiera esperado **Ich hätte nicht gewartet**	Yo no esperé **Ich habe nicht gewartet**			

Negación

Ejemplo: <u>Rennen</u> (Verbo Infinitivo) Correr

Las 4 Plantillas/ Formato

Presente	**Gerundio**	**Futuro**	**Pasado Participio**	**Condicional**
Yo no corro	Yo no estoy corriendo	Yo no voy a correr	Yo no he corrido	Yo no correría
Yo no voy a estar corriendo	Yo no estaba corriendo	Yo no tengo que correr	Yo no he estado corriendo	
Yo no hubiera corrido	Yo no corrí			

Ejemplo: <u>Essen</u> (Verbo Infinitivo) Comer

Las 4 Plantillas/ Formato

Presente	**Gerundio**	**Futuro**	**Pasado Participio**	**Condicional**
Yo no como	Yo no estoy comiendo	Yo no voy a comer	Yo no he comido	Yo no comería
Yo no voy a estar comiendo	Yo no estaba comiendo	Yo no tengo que comer	Yo no he estado comiendo	
Yo no hubiera comido	Yo no comí			

Negación

Ejemplo: <u>Reden</u> (Verbo Infinitivo) Hablar

Presente	**Gerundio**	**Futuro**	**Pasado Participio**	**Condicional**
Yo no hablo	Yo no estoy hablando	Yo no voy a hablar	Yo no he hablado	Yo no hablaría
Yo no voy a estar hablando	Yo no estaba hablando	Yo no tengo que hablar	Yo no he estado hablando	
Yo no hubiera hablado	Yo no hablé			

Ejemplo: <u>Anrufen</u> (Verbo Infinitivo) Llamar

Presente	**Gerundio**	**Futuro**	**Pasado Participio**	**Condicional**
Yo no llamo	Yo no estoy llamando	Yo no voy a llamar	Yo no he llamado	Yo no llamaría
Yo no voy a estar llamando	Yo no estaba llamando	Yo no tengo que llamar	Yo no he estado llamando	
Yo no hubiera llamado	Yo no llamé			

Negación

Ejemplo: <u>Nehmen</u> (Verbo Infinitivo) Llevar

Presente	Gerundio	Futuro	Pasado Participio	Condicional
Yo no llevo	Yo no estoy llevando	Yo no voy a llevar	Yo no he llevado	Yo no llevaría
Yo no voy a estar llevando	Yo no estaba llevando	Yo no tengo que llevar	Yo no he estado llevando	
Yo no hubiera llevado	Yo no llevé			

Ejemplo: <u>Bekommen</u> (Verbo Infinitivo) Recibir

Presente	Gerundio	Futuro	Pasado Participio	Condicional
Yo no recibo	Yo no estoy recibiendo	Yo no voy a recibir	Yo no he recibido	Yo no recibiría
Yo no voy a estar recibiendo	Yo no estaba recibiendo	Yo no tengo que recibir	Yo no he estado recibiendo	
Yo no hubiera recibido	Yo no recibí			

Negación

Ejemplo: <u>Denken</u> (Verbo Infinitivo) Pensar

Presente	**Gerundio**	**Futuro**	**Pasado Participio**	**Condicional**
Yo no penso	Yo no estoy pensando	Yo no voy a pensar	Yo no he pensado	Yo no pensaría
Yo no voy a estar pensando	Yo no estaba pensando	Yo no tengo que pensar	Yo no he estado pensando	
Yo no hubiera pensado	Yo no pensé			

Ejemplo: <u>Lernen</u> (Verbo Infinitivo) Estudiar

Presente	**Gerundio**	**Futuro**	**Pasado Participio**	**Condicional**
Yo no estudio	Yo no estoy estudiando	Yo no voy a estudiar	Yo no he estudiado	Yo no estudiaría
Yo no voy a estar estudiando	Yo no estaba estudiando	Yo no tengo que estudiar	Yo no he estado estudiando	
Yo no hubiera estudiado	Yo no estudié			

Negación

Ejemplo: <u>Schreiben</u> (Verbo Infinitivo) Escribir

Presente	**Gerundio**	**Futuro**	**Pasado Participio**	**Condicional**
Yo no escribo	Yo no estoy escribiendo	Yo no voy a escribir	Yo no he escrito	Yo no escribiría
Yo no voy a estar escribiendo	Yo no estaba escribiendo	Yo no tengo que escribir	Yo no he estado escribiendo	
Yo no hubiera escrito	Yo no escribí			

Ejemplo: <u>Lesen</u> (Verbo Infinitivo) Leer

Presente	**Gerundio**	**Futuro**	**Pasado Participio**	**Condicional**
Yo no leo	Yo no estoy leyendo	Yo no voy a leer	Yo no he leido	Yo no leería
Yo no voy a estar leyendo	Yo no estaba leyendo	Yo no tengo que leer	Yo no he estado leyendo	
Yo no hubiera leído	Yo no leí			

Negación

Ejemplo: <u>Tun</u> (Verbo Infinitivo) Hacer

Presente Yo no hago	**Gerundio** Yo no estoy haciendo	**Futuro** Yo no voy a hacer	**Pasado Participio** Yo no he hecho	**Condicional** Yo no haría
Yo no voy a estar haciendo	Yo no estaba haciendo	Yo no tengo que hacer	Yo no he estado haciendo	
Yo no hubiera hecho	Yo no hice			

Ejemplo: <u>Arbeiten</u> (Verbo Infinitivo) Trabajar

Presente Yo no trabajo	**Gerundio** Yo no estoy trabajando	**Futuro** Yo no voy a trabajar	**Pasado Participio** Yo no he trabajado	**Condicional** Yo no trabajaría
Yo no voy a estar trabajando	Yo no estaba trabajando	Yo no tengo que trabajar	Yo no he estado trabajando	
Yo no hubiera trabajado	Yo no trabajé			

Preguntas

Ejemplo: <u>Kochen</u> (Verbo Infinitivo) Cocinar

Presente	Gerundio	Futuro	Pasado Participio	Condicional
¿Cocino yo? **Koche Ich?**	¿Estoy yo cocinando? **Bin Ich am kochen?**	¿Voy a cocinar yo? **Werde Ich kochen?**	¿He yo cocinado? **Habe Ich gekocht?**	¿Cocinaría yo? **Würde Ich kochen?**
¿Voy a estar cocinando yo? **Werde Ich kochen?**	¿Estuve cocinando yo? **Habe Ich gekocht?**	¿Tengo yo que cocinar? **Muss Ich kochen?**	¿He estado cocinando yo? **Hatte Ich gekocht?**	
¿Hubiera yo cocinado? **Würde Ich gekocht haben**	¿Cociné yo? **Habe Ich gekocht?**			

Ejemplo: <u>Warten</u> (Verbo Infinitivo) Esperar

Presente	Gerundio	Futuro	Pasado Participio	Condicional
¿Espero yo? **Warte Ich?**	¿Estoy yo esperando? **Bin Ich am warten?**	¿Voy yo a esperar? **Werde Ich warten?**	¿He yo esperado? **Habe Ich gewartet?**	¿Esperaría yo? **Würde Ich warten?**
¿Voy a estar esperando yo? **Werde Ich warten?**	¿Estaba esperando yo? **Habe Ich gewartet?**	¿Tengo que esperar yo? **Muss Ich warten?**	¿He estado esperando yo? **Hatte Ich gewartet?**	
¿Hubiera esperado yo? **Würde Ich gewartet haben?**	¿Esperé yo? **Habe Ich gewartet?**			

Preguntas

Ejemplo: <u>Rennen</u> (Verbo Infinitivo) Correr

Presente ¿Corro yo?	Gerundio ¿Estoy yo corriendo?	Futuro ¿Voy a correr yo?	Pasado Participio ¿He yo corrido?	Condicional ¿correría yo?
¿Voy a estar corriendo yo?	¿Estaba corriendo yo?	¿Tengo yo que correr?	¿He estado corriendo yo?	
¿Hubiera yo corrido?	¿Corrí yo?			

Ejemplo: <u>Essen</u> (Verbo Infinitivo) Comer

Presente ¿Como yo?	Gerundio ¿Estoy yo comiendo?	Futuro ¿Voy yo a comer?	Pasado Participio ¿He yo comido?	Condicional ¿Comería yo?
¿Voy a estar comiendo yo?	¿Estaba comiendo yo?	¿Tengo que comer yo?	¿He estado comiendo yo?	
¿Hubiera comido yo?	¿Comí yo?			

Preguntas

Ejemplo: <u>Reden</u> **(Verbo Infinitivo) Hablar**

Las 4 Plantillas/ Formato

Presente ¿Hablo yo?	**Gerundio** ¿Estoy yo hablando?	**Futuro** ¿Voy a hablar yo?	**Pasado Participio** ¿He yo hablado?	**Condicional** ¿Hablaría yo?
¿Voy a estar hablando yo?	¿Estaba hablando yo?	¿Tengo yo que hablar?	¿He estado hablando yo?	
¿Hubiera yo hablado?	¿Hablé yo?			

Ejemplo: <u>Anrufen</u> **(Verbo Infinitivo) Llamar**

Las 4 Plantillas/ Formato

Presente ¿Llamo yo?	**Gerundio** ¿Estoy yo llamando?	**Futuro** ¿Voy yo a llamar?	**Pasado Participio** ¿He yo llamado?	**Condicional** ¿llamaría yo?
¿Voy a estar llamando yo?	¿Estaba llamando yo?	¿Tengo que llamar yo?	¿He estado llamando yo?	
¿Hubiera llamado yo?	¿Llamé yo?			

Preguntas

Ejemplo: <u>Nehman</u> **(Verbo Infinitivo) Llevar**

Presente	**Gerundio**	**Futuro**	**Pasado Participio**	**Condicional**
¿Llevo yo?	¿Estoy yo llevando?	¿Voy a llevar yo?	¿He yo llevado?	¿Llevaría yo?
¿Voy a estar llevando yo?	¿Estaba llevando yo?	¿Tengo yo que llevar?	¿He estado llevando yo?	
¿Hubiera yo llevado?	¿Llevé yo?			

Ejemplo: <u>Bekommen</u> **(Verbo Infinitivo) Recibir**

Presente	**Gerundio**	**Futuro**	**Pasado Participio**	**Condicional**
¿Recibo yo?	¿Estoy yo recibiendo?	¿Voy yo a recibir?	¿He yo recibido?	¿Recibiría yo?
¿Voy a estar recibiendo yo?	¿Estaba recibiendo yo?	¿Tengo que recibir yo?	¿He estado recibiendo yo?	
¿Hubiera recibido yo?	¿Recibí yo?			

Preguntas

Ejemplo: <u>Denken</u> (Verbo Infinitivo) Pensar

Presente ¿Pienso yo?	**Gerundio** ¿Estoy yo pensando?	**Futuro** ¿Voy a pensar yo?	**Pasado Participio** ¿He yo pensado?	**Condicional** ¿Pensaría yo?
¿Voy a estar pensando yo?	¿Estaba pensando yo?	¿Tengo yo que pensar?	¿He estado pensando yo?	
¿Hubiera yo pensado?	¿Pensé yo?			

Ejemplo: <u>Lernen</u> (Verbo Infinitivo) Estudiar

Presente ¿Estudio yo?	**Gerundio** ¿Estoy yo estudiando?	**Futuro** ¿Voy yo a estudiar?	**Pasado Participio** ¿He yo estudiado?	**Condicional** ¿Estudiaría yo?
¿Voy a estar estudiando yo?	¿Estaba estudiando yo?	¿Tengo que estudiar yo?	¿He estado estudiando yo?	
¿Hubiera estudiado yo?	¿Estudié yo?			

Preguntas

Ejemplo: <u>**Schreiben**</u> (Verbo Infinitivo) Escribir

Presente ¿Escribo yo?	**Gerundio** ¿Estoy yo escribiendo?	**Futuro** ¿Voy a escribir yo?	**Pasado Participio** ¿He yo escribido?	**Condicional** ¿Escribiría yo?
¿Voy a estar escribiendo yo?	¿Estaba escribiendo yo?	¿Tengo yo que escribir?	¿He estado escribiendo yo?	
¿Hubiera yo escribido?	¿Escribí yo?			

Ejemplo: <u>**Lesen**</u> (Verbo Infinitivo) Leer

Presente ¿Leo yo?	**Gerundio** ¿Estoy yo leyendo?	**Futuro** ¿Voy yo a leer?	**Pasado Participio** ¿He yo leído?	**Condicional** ¿Leería yo?
¿Voy a estar leyendo yo?	¿Estaba leyendo yo?	¿Tengo que leer yo?	¿He estado leyendo yo?	
¿Hubiera leído yo?	¿Leí yo?			

Preguntas

Ejemplo: <u>Tun</u> (Verbo Infinitivo) Hacer

Las 4 Plantillas/ Formato

Presente	**Gerundio**	**Futuro**	**Pasado Participio**	**Condicional**
¿Hago yo?	¿Estoy yo haciendo?	¿Voy a hacer yo?	¿He yo hecho?	¿Haría yo?
¿Voy a estar haciendo yo?	¿Estaba haciendo yo?	¿Tengo yo que hacer?	¿He estado haciendo yo?	
¿Hubiera yo hecho?	¿Hice yo?			

Ejemplo: <u>Arbeiten</u> (Verbo Infinitivo) Trabajar

Las 4 Plantillas/ Formato

Presente	**Gerundio**	**Futuro**	**Pasado Participio**	**Condicional**
¿Trabajo yo?	¿Estoy yo trabajando?	¿Voy yo a trabajar?	¿He yo trabajado?	¿Trabajaría yo?
¿Voy a estar trabajando yo?	¿Estaba trabajando yo?	¿Tengo que trabajar yo?	¿He estado trabajando yo?	
¿Hubiera trabajado yo?	¿Trabajé yo?			

Vocabulario en Alemán

Vocabulario en Alemán

A

A: Ein
Abril: April
A esta hora: In diesem Moment
A las: Bei
A menos que: Wenn nicht
A pesar de: Obwohl
A propósito: Übrigens
A punto de: Fast
A qué distancia: Wie weit
A qué hora: Wie viel Uhr
A quién: Zu wem
A través: Durch
A través de lo cual: Durch welches
Abajo: Runter
Abierto: Offen
Abrigo: Mantel
Acerca de: Um
Adentro: Drinnen
Adonde: Wohin
Aduana: Zoll
Afuera: Außen
Agradable: Nett
Agua: Wasser
Ahora: Jetzt
Ahora mismo: Im Augenblick
Aerolínea: Fluggesellschaft

Aire: Luft
Avión: Flugzeug
Algo: Etwas
Alguien: Jemand
Alguno: Etwas
Al Lado: Neben
Allá: Dort
Almacén: Lagerhaus
Alto: Groß
Almacén: Lagerhaus
Amable: Sanft
Amarillo: Gelb
Ambos: Beide
Amistoso: Freundlich
Año: Jahr
Ancho: Breite
Antes: Vor
Apenado: Verzeihung
Apenas: Apenas
Aquellos: Diese
Aquí: Hier
Arriba: Hoch
Arroz: Reis
Asado: Braten
Aturdido: Betäubt
Aun Cuando: Obwohl
Aunque: Obwohl
Autobus: Bus

Automovil: Auto
Aviso: Warnung
Ayer: Gestern
Ayuda: Hilfe
Azafata: Stewardess
Azúcar: Zucker
A Propósito: Übrigens
A Pesar De: Obwohl
Ajo: Knoblauch

B

Baile: Tanzen
Bajo: Bass
Banco: Bank
Bandera: Flagge
Baño: Bad
Barato: Billig
Barco: Boot
Básico: Wesentlich
Bastante: Ziemlich
Bebé: Baby
Bicicleta: Fahrrad
Bien: Gut
Bien Sea: Gut sei es
Bocadillo: Snack
Bolsa: Tasche
Bolsillo: Tasche
Bulto: Paket

Vocabulario en Alemán

Bota: Stiefel
Botella: Flasche
Botón: Taste
Bueno: Okay
Billetera: Geldbörse

C

Cada: Jeder
Caliente: Heiß
Carente De: Mangel an
Casi: Fast
Cautela: Vorsicht
Ceder El Paso: Ertrag
Cerca: Nah dran
Cierto: Sicher
Clase: Klasse
Colapso: Zusammenbruch
Cómo: Wie
Completo: Vollständig
Con: Mit
Conmigo: Mit mir
Cosa: Sachen
Considerando Que: Bedenkt, dass
Contigo: Mit dir
Cuál: Die
Cualquiera: Irgendein
Cuando: Wann
Cuando Sea: Wann immer

Cuánto: Wie viele
Cuidado: Achtung

D

Dama: Dame
De: Von
De buena gana: Leicht
De cualquier manera: So oder so
De guardia: Bei Anruf
De nuevo: Wieder
De otra manera: Andernfalls
De quien: Wessen
Debajo: Unter
Delgado: Dünn
Demasiado: Zu
Dentista: Zahnarzt
Dentro: Innerhalb
Deportes: Sport
Derecho(a): Gesetz
Desafortunadamente: Leider
Desagradable: Unangenehm
Descuento: Rabatt
Desierto: Wüste
Desfile: Parade
Dentro de: Innerhalb
Despacio: Langsam
Después: Nach

Detrás De: Hinter
Desviación: Abweichung
Día: Tag
Diario: Täglich
Diez: Zehn
Difícil: Schwer
Diciembre: Dezember
Diccionario: Wörterbuch
Dinero: Geld
Dirección: Adresse
Disponible: Verfügbar
Divertido: Komisch
Dividido Por: Geteilt durch
Doce: Zwölf Uhr
Dolor: Schmerzen
Dónde: Wo
Donde Se Encuentre: Wo findet man
Docena: Dutzend
Ducha: Dusche

E

En Particular: Im Speziellen
En Proceso: In Bearbeitung
En Seguida: Sofort
En Vez De: Anstatt von
Entre: Unter
Es Necesario: Notwendig
Esta Noche: Heute Abend

Vocabulario en Alemán

Específico: Spezifisch
Esto(a): Dies
Estos: Diese
Extraño: Seltsam
Estrecho: Nah dran
Empujar: Drücken
En: Im
En algún lugar: Irgendwo
En buena salud: bei guter
Gesundheit
En caso de: Im Falle von
En contra de: Gegen
En frente de: Vor dem
En la: In dem
En orden de: In der Reihenfolge
der

F

Fácilmente: Leicht
Factible: Machbar
Falla: Versagen
Familia: Famille
Farmacia: Apotheke
Febrero: Februar
Feria: Messe
Ferrocarril: Eisenbahn
Fiebre: Fieber
Fiesta: Party

Fino: Bußgeld
Frito: Gebraten
Fruta: Obst
Fuego: Feuer

G

Gas: Gas
Gasolina: Benzin
Grande: Groß
Grueso: Dick
Goteo: Tropfen
Gafas: Brille
Gracias: Vielen Dank
Gratis: Frei
Gris: Grau
Gente: Personen
Gerente: Manager
Guante: Handschuh
Guía: Führen
Guisantes: Grüne Erbsen

H

Hombres: Männer
Horno: Ofen
Hace: Tut
Hecho En: Hergestellt in
Hora: Stunde
Huevo: Ei

Hacia: Gegenüber
Helado: Gefroren
Horario: Zeitlicher Ablauf
Halar: Ziehen
Hombre: Männer
Horneado: Gebacken
Hasta luego: Wiedersehen
Hubo: Dort war
Habrían estado: Sie wären gewesen
Habrían sido: Wäre gewesen
Ha habido: Ist gewesen
Habrían habido: Es hätte gegeben
Han estado: Sie waren
Han sido: Gewesen sein

I

Ida Y vuelta: Rundfahrt
Iglesia: Kirche
Imposible: Unmöglich
Improbable: Unwahrscheinlich
Incluido: Inbegriffen
Inmediatamente: Sofort
Insecto: Insekt
Izquierda: Links

J

Jabón: Seife
Jefe: Chef

Vocabulario en Alemán

Joyas: Juwelen
Juego: Spielen
Jugo: Saft
Junio: Juni
Juntos: Zusammen
Justo: Gerade

L
Llave: Schlüssel
Lluvia: Regen
Loco: Verrückt
Lúcido: Klar
Luego: Später
Lunes: Montag
Lado: Seite
Ladron: Räuber
Largo: Länge
Lavabo: Waschbecken
Laxante: Abführmittel
Leche: Milch
Lechuga: Kopfsalat
Legal: Gesetzlich
Legumbres: Hülsenfrüchte
Lejos: Weit
Lentes: Brille
Lento: Langsam
Libre: Frei

Limón: Zitrone
Limonada: Limonade
Listo: Clever
Lista: Bereit

M
Maleta: Tasche
Mañana: Morgen
Mantener: Halt
Mantequilla: Butter
Manzana: Apfel
Máquina: Maschine
Marido: Ehemann
Marrón: Braun
Más allá: Darüber hinaus
Menos: Weniger
Media: Halb
Medianoche: Mitternacht
Medio: Mittel
Mediodía: Mittag
Menú: Speisekarte
Menu : Messaggio
Menos: Weniger
Mermelada: Marmelade
Mes: Monat
Mesonero: Gastwirt
Mientras que: Während
Mucho: Viel

Mientras: Während
Muchos: Eine Menge

N
Naranja: Orange
Nave: Schiff
Necesario: Notwendig
Necesitado: Bedürftige
Ninguno: Keiner
No: Nö
Nuevo: Neu
Nuevamente: Wieder
Nunca: Niemals

O
O: Entweder
Objetos de valor: Wertvolle Gegenstände
Obras: Theaterstücke
Obvio: Offensichtlich
Ocupado: Besetzt
Octubre: Oktober
Ojo: Auge
Once: Elf
Oscuro: Dunkel
Otoño: Herbst
Otro: Sonstiges

Vocabulario en Alemán

P

Placer: Vergnügen
Plancha: Eisen
Poco: Ein kleines bisschen
Por consiguiente: Deswegen
Por costumbre: aus Gewohnheit
Por la razón: Aus dem Grund
Por lo tanto: Deswegen
Por qué: Warum
Pregunta: Fragen
Presentar: Einführen
Primavera: Frühling
Privado: Privatgelände
Probablemente: Wahrscheinlich
Problema: Problem
Profundamente: Tief
Pronto: Demnächst
Próximo: Nächste
Policía: Polizist
Por ciento: Prozent
Portero: Tormann
Puede Ser: Kann sein
Punto: Stelle
Panadería: Bäckerei
Pañales: Windeln
Papá: Kartoffel
Para: Zum

Pare: Pause
Pareciera: Es scheint
Parece: Scheint
Parque: Park
Pasaje: Passage
Papas: Kartoffeln
Papel higiénico: Toilettenpapier
Paraguas: Regenschirm
Pasaporte: Reisepass
Payment: Zahlung
Película: Film
Pequeño: Wenig
Por día: Pro Tag
Por supuesto: Na sicher
Postre: Dessert
Perdóneme: Verzeihung
Pero: Aber
Pesado: Schwer
Pasajero: Passagier

Q

Querido: Liebling
Queso: Käse

R

Radiador: Kühler
Rápido: Schnell

Rebaja: Die Ermäßigung
Rebajas: Rabatte
Regalo: Geschenk
Relativo: Relativ
Reloj: Uhr
Repita: Wiederholen
Ridículo: Lächerlich
Riña: Kampf
Robo: Stahl
Ropa: Kleidung
Responsable: Verantwortlich
Ruido: Lärm
Rutina: Routine
Ruptura: Abbrechen

S

Sabiduría: Weisheit
Sabor: Geschmack
Sabroso: Lecker
Sacar: Nehmen
Sacrificar: Opfern
Sagrado: Heilig
Saltar: Überspringen
Secreto: Geheimnis
Serio: Ich lachte
Servicio: Service
Silbar: Pfeife

Vocabulario en Alemán

Silencio: Schweigen
Sistema: System
Sociedad: Gesellschaft
Soleado: Sonnig
Solidez: Solidität
Sordo: Taub
Sorpresa: Überraschung
Sublime: Sublimieren
Suspiro: Seufzen
Sustituir: Ersetzen
Susto: Schrecken
Susurro: Flüstern

T

Tachar: Streichen
Taller: Werkstatt
Tambor: Trommel
Tangente: Tangente
Taxista: Taxifahrer
Techo: Die Decke
Teja: Dachziegel
Tema: Thema
Temor: Furcht
Temprano: Frühzeitig
Tendencia: Trend
Terreno: Land
Tesoro: Schatz
Tiempo: Wetter

Timbre: Türklingel
Tristeza: Traurigkeit
Todopoderoso: Allmächtig
Tonto: Täuschen
Tos: Husten
Tribuna: Tribüne
Tunel: Tunnel
Turismo: Tourismus

U

Último: Neueste
Urgencia: Dringlichkeit
Urgente: Dringend
Utilidad: Dienstprogramm
Usual: Üblich
Usurero: Wucherer
Usurpar: Usurpieren
Usuario: Benutzer
Universidad: Universität
Urbanista: Stadtplaner
Universo: Universum

V

Vacaciones: Feiertage
Vacante: Unbesetzt
Variedad: Vielfalt
Valor: Wert
Vanidad: Eitelkeit

Vehículo: Fahrzeug
Velero: Segelboot
Verdad: Stimmt
Versatil: Vielseitig
Vida: Leben
Viejo: Alt
Víspera: Vorabend
Vitamina: Vitamin
Virilidad: Männlichkeit
Voraz: Gefräßig

WX

Y

Yacimiento: Kaution
Yanqui: Yankee
Yarda: Hof
Yerba: Kraut

Z

Zancadilla: Gestolpert
Zángano: Drohne
Zapato: Schuh
Zapatero: Schuster
Zona: Zone
Zumbido: Summen
Zumo: Saft
Zorro: Fuchs